ON
EDUCATION

U0132140

掀去无知的面纱

瑞士教育家裴斯泰洛齐谈教育

[瑞士] 约翰·亨里希·裴斯泰洛齐 —— 著

孔　谧 —— 译

辽宁人民出版社

图书在版编目（CIP）数据

掀去无知的面纱：瑞士教育家裴斯泰洛齐谈教育 /
（瑞士）约翰·亨里希·裴斯泰洛齐著；孔谧译.—沈
阳：辽宁人民出版社，2023.5
（外国名家谈教育）
ISBN 978-7-205-10717-8

Ⅰ.①掀… Ⅱ.①约… ②孔… Ⅲ.①裴斯泰洛齐
（Pestalozzi, Johann Heinrich 1746-1827）—教育思想
Ⅳ.①G40-095.22

中国国家版本馆 CIP 数据核字（2023）第 026098 号

策划人：孔宁

出版发行：辽宁人民出版社
　　　　地址：沈阳市和平区十一纬路 25 号　邮编：110003
　　　　电话：024-23284321（邮　购）　024-23284324（发行部）
　　　　传真：024-23284191（发行部）　024-23284304（办公室）
　　　　http://www.lnpph.com.cn
印　　刷：辽宁新华印务有限公司
幅面尺寸：145mm×210mm
印　　张：5.75
插　　页：8
字　　数：145千字
出版时间：2023 年 5 月第 1 版
印刷时间：2023 年 5 月第 1 次印刷
责任编辑：阎伟萍　孙　雯
装帧设计：留白文化
责任校对：刘再升
书　　号：ISBN 978-7-205-10717-8
定　　价：48.00元

导　言

约翰·亨利希·裴斯泰洛齐（Johann Heinrich Pestalozzi，1746—1827）是18世纪末19世纪初瑞士著名的民主主义教育家。他将自己的一生全都贡献给了贫苦儿童的教育事业，在教育领域辛勤耕耘，为当时的教育改革和教育理论的建

◎裴斯泰洛齐

立作出了卓越的贡献。研究西方教育的发展，特别是近代以来的初等教育实践、理论和方法的发展轨迹，裴斯泰洛齐是一个绝对不能忽略的人物。

裴斯泰洛齐幼年丧父，由他的母亲及女仆将他抚养成人。母亲和女仆辛勤劳动的模范行为，让裴斯泰洛齐从小就形成了乐于奉献和人道主义的精神。正因为从小就有了穷苦生活的亲身体会，所以，"通过教育消除贫困"，就在后来成为裴斯泰洛齐为之奋斗一生的目标。

从中学毕业后，裴斯泰洛齐来到加罗林学院继续深造，最

◎裴斯泰洛齐和学生们

初的愿望是想在毕业以后进行神学方面的研究。而他之所以会走上教育改革的大路，是因为他在教育自己儿子的时候，在迷茫困惑当中，想起了启蒙思想家卢梭的著作《爱弥儿》，于是，他按照卢梭培养爱弥儿的那套方法来对自己的儿子进行教育，与此同时，还细致地观察这一教育的过程及其效果，并作了详尽记录。正是这种活动，让他开始对教育产生了无比浓厚的兴趣，并促使他作出决定，开展教育试验。从这以后，无论条件多么艰难，裴斯泰洛齐都始终坚持研究拯救贫民的国民教育，从不放弃。

裴斯泰洛齐一共进行过三次教育试验，教育的对象大多是贫民家的儿童。前两次试验的失败和孤儿院的破产，并没有让裴斯泰洛齐的教育信念有丝毫的动摇，他反而开始对自己的教育经验进行总结，并写下了那部脍炙人口的教育名著——《林哈德与葛笃德》。第三次教育试验，是他在 1800 年和友人一起建立的"伊韦尔东学院"，共存在 24 年。伊韦尔东学院曾在当时的欧洲盛极一时，有很多国家都派教育

◎裴斯泰洛齐雕像，位于瑞士苏黎世

家来这里进行学习访问。裴斯泰洛齐也正是在这所学校，撰写了名传后世的著作《葛笃德如何教育她的子女》，系统地提出

◎瑞士布格多夫城堡的裴斯泰洛齐的纪念牌，
　纪念他在此创办的学校

了一整套关于初等教育的内容、方法以及原则。但是，令人十分遗憾的是，在走过了二十多年的鼎盛时期以后，伊韦尔东学院最终因为内部意见出现分歧而停办。

　　这次失败给裴斯泰洛齐的打击很大，失落而疲惫的他回到了自己的故乡，开始潜心著述。1827年2月17日，裴斯泰洛齐在故乡与世长辞。他逝世以后，人们为了纪念他，在他的墓碑上刻上了"毫不利己，专门利人"（All for others, nothing for himself）等字句，这正是裴斯泰洛齐光辉一生的真实精神写照。

　　裴斯泰洛齐在教育领域最大的贡献之一，就在于他率先提出初等教育问题，并提出了一套完整的、系统的初等教育思想，其中有不少思想和观点现在仍有借鉴和学习价值。裴斯泰洛齐提出，初等教育的目的在于对儿童的德、智、体、劳诸方面的全面能力的培养，以及让儿童完善的个性得以和谐发展。在西方教育史上，裴斯泰洛齐首先明确地提出教育心理化的思想。他对机械灌输的旧式教学方法表示反对，在自己的实践中，积极探索儿童心理发展规律，并研究适应这一规律的、正确的教学方法。裴斯泰洛齐关于教学心理化的思想和实践探索，是19世纪欧洲教育心理化运动的开端，明确了教学过程科学化的发展方向。

　　总而言之，裴斯泰洛齐为近代教育理论的发展和演进作出了突出的贡献，他的教育思想产生了极为广泛的国际影响，德国著名教育家赫尔巴特、福禄贝尔、第斯多惠等都深受他的影响。在清末，裴斯泰洛齐的教育思想开始传入我国，对我国初等教育理论也产生了一定影响。

　　裴斯泰洛齐既是一位伟大的教育理论家，也是一位出色的教育实践家，他留给后世主要的教育著作有《林哈德与葛笃德》《葛笃德如何教育她的子女》《论教学方法》《致格瑞夫斯的信》《天鹅之歌》等。本书从他的大量著作中选译了以下篇章：《葛笃德如何教育她的子女》一书共十五封信，这里选编了第十三封信，主要讨论实际活动能力的培养问题；《见解与经验》是裴斯泰洛齐在开始领导伊韦尔东学院的教育工作时，与盖思纳的通信，这里选编了其中的第三封到第八封信，为裴斯泰洛齐对《葛笃德如何教育她的子女》一书的补充；《1818年对我校师生的讲演》为1818年裴斯泰洛齐每周在伊韦尔东学院的师生集会上的讲演稿汇编，这里选入的是其中一些较重要的篇章，可见裴斯泰洛齐对一些重大教育问题的观点；《致格瑞夫斯的信》一文为裴斯泰洛齐与英国友人詹·普·格瑞夫斯的通信集，主要内容是他对儿童早期，也就是婴儿期教育的论述；最后的《天鹅之歌》是高龄还乡的裴斯泰洛齐撰写的对他一生教育改革事业的一部总结性著作，也是他的最后一部著作。希望读者可以从我们选出的这些文章中，领略到这位伟大的民主主义教育家的思想和情怀。

◎瑞士的布格多夫城堡

◎瑞士的布格多夫城堡

目 录
Contents

第一篇

论理想中的人

要想根据经验来确定良好教育的本质，你就需要在生活的各种现实中对人进行观察，寻找那些在劳动和吃苦中看起来比别人更加突出的人，也就是他应该成为的人。但是，如果你听到有人提起一个在场的人时这样说"我多么希望每个人都能像他那样"，你就一定要记住，他的在场就对那些当面说他好话的人的心理产生了影响。如果你听到这样的话是在一个人死后，那些在他的墓旁为他垂泪悲痛的人——儿童、老人和贫穷的百姓——里有人说的，那么你就可以相信。

◎裴斯泰洛齐雕像，位于瑞士沃州伊韦尔东市内

当然，可能会有很多的人这时会说："我们从来没有听说过任何人这样赞扬人。人不会这样谈论别人，即使对那些为数不多但值得赞扬的人也没有这样说。"对于这样的说法，我的回答是："难道就没有贫穷的百姓为了一个人的死而垂泪的事情吗？难道就没有一个人死了，在他的墓旁，对他了解的老人、爱他的配偶、尊敬他的孤儿还有和他一起生活过的邻居声泪俱下地说：'要是再有一个像他那样的人就好了！要是每个人都能像他那样就好了！'"

你说："最好的、最高尚的人去世了，常常被人们误解，或者歪曲。"诚然，那也只能让那些误解或者歪曲了死者的朋友们觉得不安。我们不必理会那些吃这种苦头的人，因为他们并不是我们所关心的。那些人活着的时候高贵，死了却遭人诽谤，他们的生活和一般人不一样。他们享尽了人世间的荣华富贵，也饱尝了辛酸，不是一般人所能比的。但是他们并不是典型，我们没有必要去理会。

还有一些人，虽然没有那些不同凡响的阅历，但是生生死死，最终进入坟墓时，是带着这样的评论："他们曾经是所有伙伴的榜样。"

在市井之间你不会见到这些人，只能在安宁平静的村落找到他们。有的人一生饱经坎坷，有些人则一生身居高位。我的意思并不是这些人不曾有过这样的评论，而是说他们纯洁的人生和他们的社会联系的真正意义被他们身后的芸芸众生给湮没了，就是在他们健在的时候也是这样。

诚然，在卑微的村落里想找到这样一个人是很难的——人们既对他的一生比较了解，而又赞誉他；但是如果你去这样的村落里寻找这样的人，如果你自己具有这样的素养，一眼就能将这样的人认出来，那么你的力气就不会白费。在你从未想象到的很多地方，你会听到这样的话："这是一个男人，或一个女人，所有的人都应该这样！"

请相信这番话，它不能将你引入歧途。如果你希望自己的子女能够得到这样的赞誉，那么这番话可以成为你教育子女的指南。但是你不能就此停步。请去找说过这些话的人里面，最年长的、最可信赖的人，问问他人们这样赞扬的人究竟是怎样的人。

他一定会说："他是一个这样的人：心地善良、聪明智慧、尽职尽责，人们完全可以信赖。"他还会这样说："这样的人在判断、评议人物的时候，在处理事务的时候展现出了老练、完美的智慧；他仁爱、坚定、有力；他可以尽其才能；他在活动中表现得机敏沉着，确保无论什么情况都能获得成功。"

◎瑞士发行的裴斯泰洛齐纪念币

那些只有一孔之见的人，只有一隅之得，是无法得到普通人这样的赞扬的。不，这些词语不会用在对那些虽然接受了高等教育、聪明过人却非常自私自利的人身上，父老兄弟们的疾苦都无法将这种人的爱怜和同情激发出来。有一种人，他们拥有天使一般的心肠，在同伴们受苦受难时，他们能够做出最大的自我牺牲，但是在智慧上有些不足，助人无方，他的左邻右舍、亲朋好友也不会对他说这些赞扬的话。就像你也不会听到赞扬另一种人一样，这种人在工作的时候做到了干练、可靠、兢兢业业，可以称得上楷模，但是对生活中的其他方面，他则没有做到尽职尽责、忠心耿耿，或者表现得贪婪自私、无情无义，只知道为自己聚敛财富。

没有受过损害的人性，会本能地用这些话去赞美那种集动机纯洁、远见卓识、策略高超于一身的人；赞美那种已经掌握了一切人类特有的才华和能力的人，那种不断地将这些才华和能力用在其生活上各种联系的人。

那么，对那种虽然没有做到各种美德和谐统一，但是在某一方面来说，在世人中又是十分突出的，或者说他的生活只有某一方面值得赞扬的人，又应该怎样评价呢？对于这样的人，人们会这样评价说，"他的头脑聪明""他的心地善良""他在工作里是杰出的"，但是他们不会说"每个人都应该像他这样"。

如果你真的遇到这样的情况，请不要知道他是什么样的人就满足了，你应该深究下去。他是怎样成为这种人的？那些和他一起经历了青年时代的老人总会给出这样的回答："父亲、母亲和家庭的环境与条件，以各种方式将他的身上接受和热爱优秀品质的能力唤醒并予以培养。他的社会环境还有他的祖国，为他提供了将这些优秀品质进行实践的更广阔天地。"

如果你能听到他讲话该有多好！如果他能从坟墓里爬起来，他就将他所受教育的本质特征告诉你，其宗旨不只是或者说不主要是在智能上的收获，或者只是培养道德品质，或者为将来的工作做准备，而是对他进行精心的培养，让他在所有方面都获得发展。他会和你说哪些环境让他的心向往更高尚的事业，让他在为实现其毕生的最终目标而斗争的工作中，获得身心上的轻松愉快。他会和你说，他接受的教育是全面关心他的教育，他的努力是如何让这种教育在他身上发挥作用的；他的努力和收获是怎样协调地得到反映的；以及这些努力与收获又是怎样变成了他的幸福之源，怎样始终如一地启迪他感激和热爱人类；对人类的感激、热爱之情，又是怎样持续地为他的生活增加幸福，让他越来越能够得心应手地履行他的职责，从而成为他应该成为的那种人。

第二篇
什么是理所当然的

　　朋友，在拥有高尚品德的人的墓旁，合适的全面评价是以高度的良知为基础的，是将人作为一个独立的整体来评价的，而且他只有具有正确的、全面的标准，他的价值才是毋庸置疑的。用下面的哲学语言来表述促使正直的人评价高尚的生命刚刚结束的人的心情，是比较清楚的："除非教育让人比不受教育更坏，否则就一定要将受教育者视为一个可靠的人，对其进行培养，让他的本性具有的各种要素和力量可以协调地变成行动，并在他为人处事的一切场合都是一样的有效。"

　　一切从哲学的高度来对人类的本性进行调查的人，最后都被迫承认，教育的唯一目的，就是要让那些构成其人格的才能和素质获得协调发展。这样的调查者都会意识到，人不会成为他应该成为的人，除非给予他生命的人和那些他给予了他们生命的人为他作证，除非那些和他的关系算是十分密切的人——他的父老乡亲、左邻右舍，特别是他们中的那些比较贫困的、受压迫的人——证明"他是一个无论是智慧、心肠，还是职业技能，都值得信赖的人。他的判断证明他具有深刻的洞察力，他的评价、承诺以及帮助表现了他那坚定不屈、拼尽全力的坚强性格。无论什么时候，他都会对别人表示同情，表现出他充分的理性、永恒的慈悲心肠以及高尚的情怀，这些都不会为无谓的牺牲动摇。高尚的理想、富有教养的智慧、训练有素的工作能力，让他在任何事情上都表现得出类拔萃，总是获得自己和别人都满意的结果，所以他总被大家当作榜样，为人们所欣赏和爱戴"。

不管是哲学家还是普通人，他们都将行为视为树上正在成熟的果实，让孩子的内心世界达到完美的境地就是他们的目的。他们希望孩子可以成为大自然赋予他可以而且应该成为的人，他们首先一定这样问自己："首先，孩子自身都具备什么；第二，作用在孩子身上的环境与条件是怎样的。环境与条件是自然对人类进行教育的工具，我们可以从中学到教育的各项原则。"

第二个问题的答案由第一个问题的答案决定。我们先来看下这两方面。显然，情感、思维和其行为的先天素质还有来自外界的刺激，都是大自然所必需的，这里大自然也将我们应当用来指导教育的那些基本原则指了出来。

人们做的所有事情，文明的所有进展，都是情感、行为还有外界刺激情感和行为两者的产物。所以，人的生活以及整个人类的生活，都无非是这些因素和它们的相互作用的经常性的体现而已。再深入地考虑这些因素，显然，所有好的东西、所有神圣和高尚的东西、所有对人身和谐完美有帮助的东西，都出自一个中心力量，是它根据人的内在神圣的崇高理想来对这些因素进行调节、引导、激励和限制的。

在人类所有的情感中，孩子身上的爱的感情将这种理想清楚地表达了出来。所以，如果要让情感和理想保持和谐，爱是一切其他感情都应该从属的核心力量。同样的道理，智力活动和爱一样也是核心力量，它将人类活动的理想清楚地表达了出来。如果我们能充分、和谐地发展先天素质，一定能让完整的本性更加高尚，这是毫无疑问的。人的其他所有活动都要受其指导和激励。孩子身上的这种爱和智力活动构成了共同的、确实的、无法改变的起点，各种天赋才能都是以此为起点开始发展的。

将孩子培养成他应该成为的人，要在孩子身上积极地培养仁爱和开展全面的智力活动，并最终让这二者实现统一和谐，这是唯一的办法。

人类因为可以提高自己，其任务就在于将自己提高到比现实生活更具有美的魅力，因此，人类完成自身的使命，爱和活动的统一是最好的手段。

人不断地对自己进行完善，让其可以完成自身的崇高的使命，可以执行自己的职责，因为他的人性让他向往崇高的目标。这些目标以爱作为源泉，以活动作为基础，以自由作为联盟。

第三篇
家庭生活教育

　　我们在孩子的环境中，发现了一种与对爱和活动的内在素质相对应的，由刺激和力量构成的神圣机制，通过爱和活动，这些刺激和力量让孩子的天生才能充满活力，实现自我的发展。

　　我们情感中和行为中的所有神圣和令人向上的东西，都源自爱和我们精神本性的更高级的活动，同样，外界环境当中所有神圣的、有用的、鼓励上进的东西，肯定能在孩子的父母和亲属身上找到。但是，这种核心力量和孩子生活的更广泛的环境存在积极的联系，让它的影响更加高尚与高级。

　　所有使孩子的身心健康成长的东西，都是以父母的教育为外在源泉，其内在源泉则在孩子的自身当中。后者与前者是不可分割的关系，后者依赖前者。

　　所以，有些孩子没有了父母，那些充当他们的父母角色的人，一定要用父母的精神对孩子进行教育，他们实际上并不是父母，但应该努力做到像父母。

　　孩子即使无法得到父母式的关心，父母这个概念在教育中也应该占据一定的地位。如果我们正确地将父母的关怀视为影响人类成长的最主要因素，那就一定要借助政府，在教育体系里引入父母的关怀，否则即使上了学，即使是衣食无忧，孤儿还是缺少真正教育的最基本的"外在"源泉。

不过如果孩子享受到了父母式地给予的一切，就算是由陌生人给予的，由陌生人抚养大的，他也是接受了爱的印象，他也会反过来去爱别人。他一样拥有感激之情，他就是值得信赖的，他天性里的高尚因素就会被激发出来，转化为行动。所以，失去的亲生父母，在某种程度上是可能由他人替代的。

父母关心的圣洁方面让环境影响本身具有精神价值，所以有助于发展更高级的智力和情感生活。

如果孩子吃的每块面包都是母亲给的，那么对他的影响，和他从街上找到的或者陌生人给的就完全不一样。母亲当着他的面织好的毛线袜子，和他在商店里买的或者不知道是哪里来的袜子相比，对他的教育意义会更为深刻。由母爱所产生的欢乐，会让孩子产生更高级的、不可磨灭的内心世界。这种刺激会将孩子的整个心灵唤醒，让他也报之以爱、信任、感激，以及和这些感情密切相关的活动。

人的先天倾向在家庭生活的作用和反作用中获得了发展。

家庭生活的黏结力即爱的黏结力，是用来将个人爱的能力唤醒的手段。以最纯洁的形式出现的家庭影响，就是最高尚的因素，人类教育中所能想象到的。

在有爱和爱的能力的家庭环境中，可以断定，无论是哪种形式的教育，都会产生结果。孩子一定会朝着好的方向发展。几乎可以肯定，无论什么时候，孩子如果出现不友爱、没朝气、不活泼的表现，那是因为他还没有形成爱的能力，还没有在家庭中获得应有的扶持和引导。

一个时时刻刻都得到来自爱的一切美好的生活熏陶的孩子，在生活中他对爱的反应能力，就会一直在增长。受到这样亲切引导的他会变得更成熟，更会照顾自己，同时，他就主动开始满足双亲的需要。所以，已经在他身上唤醒的爱唤醒了他为父母的需要而服务的行动。他自己的爱在各种环境里面表现了出来。在家庭生活中，工作和仁爱、顺从和努力、感激和勤奋相互交融在一起，并通过彼此之间的作用培养诚实和朝气。

一个人通过由他和他的爱所唤起的内心或外部活动，对他所爱的目标展开不遗余力的追求，于是就养成了和其活动相协调的智慧活力。爱帮助我们将智力和良心付诸我们的所有行动，于是就可以得到那些在我们的见识和仁爱看来，是值得我们努力追求的东西。

一种教育的成功，是完全建立在孩子们是有父母的，以及父母们是爱的神圣和出自爱的高尚的人类活动的人格化这样的设想之上的。这种教育有一个前提，那就是父亲和母亲可以清楚地从他们对其孩子之外的整个世界的态度中来区分他们对孩子的态度，并且将后者放在其他所有事情之上。这种教育需要有这样的父母：对他们而言，世界是无法和他们的孩子相比的。这种教育还有一个预先的假定，人们——不管他们是国王还是村野匹夫——对世界的任何要求都可以置之不顾，如果这些要求和孩子的正当要求相悖的话。下面这段话，人们已经充分认识其真理性："如果我获得整个世界的代价是我的孩子，那么会是什么样的补偿呢？"

这种教育需要有这样的父母：在一定程度上，他们可以控制孩子的所有环境，将一切不适当的影响排除；另一方面，他们又能充分地利用特定环境，寻找到那种可以激发孩子的爱和活动的动力，他们富有耐力，不怕困难，甚至为此作出自我牺牲也在所不惜。

这样的父母是我们所需要的。他们有决心也有能力，成为自己的孩子所需要的父母。如果我们没有追求这些首要原则，那么改善人类将是一种奢谈。我们只有在这儿才会找到这些原则。

那些揭示了人性奥秘的书，只有那些为关心自己的孩子、享有最纯洁的父母之情的人才能看明白。

作为父母，他们的生命和灵魂就在于看到当爱充满了孩子们的内心时，他们的眼里放射出兴奋的光芒。看见躺在自己怀里的孩子平和的表情，就是父母的生活愿望，也是他们欢乐和最大满足感的来源。从孩子的目光里可以看到他的感激之情和对父母的依赖，看到孩子用各种各样的方式表示出世界上再没有别的人、别的东西可以和父母所唤起的欢乐相比时，父母就会开心极了。

当父母看到他们天真无邪的孩子自觉自愿地、兴高采烈地做着他们想让他做的事时，同时，当父母们看到孩子没有出现他们不想让他做的事时，父母们最神圣的感情就被打动了。

在自己的孩子身上看到这些神圣的迹象——爱的欢乐、感激获得幸福、安定的信心——已经从顺从的依赖发展为发自天真纯朴的心灵时，父母们的内心是多么的感动啊！对父母来说，从这种精神的高度对孩子的生活和幸福进行观察是胜过他们的自身的。在这种感情的鼓舞下，父母会感觉有一股无法抗拒的力量，在让他们将全身心都投入到孩子身上——他们应该是这样的——果断地采取所有的必要措施，让孩子身上的神圣因素一直是纯洁的，让孩子获得充分的、蓬勃的发展。

孩子身上的神圣因素来自他的生命深处。他被世界上的不健康的东西直接包围，他需要养料，需要温暖，需要保护，需要宽容的耐心，就像世界上最娇嫩的植物一样，这些他都可以在父母的慈爱和保护中找到。孩子成长、成熟，成为爱和力量的体现，并作为父母自身的爱和活力的反映，站在父母的面前。那么就是你的孩子拥有了你那样的感情、希望，父母的力量是多么的伟大啊！

神圣的力量可以在孩子的身上培养出所有优良的、高尚的东西，并通过耐心，通过关怀这些神圣美德，让孩子成长、成熟。应该谨慎地指导我们的感觉天性，并且还要保持它的限度。对我们的发展来说，感觉天性虽然是一个基本的因素，但是也可能容易因过度使用而产生消极的影响，所以，也需要使用我们最完善的指导能力。只要具备了这样的能力，你就能够实现理想教育的最高目标；你就能够让孩子始终天真无邪，还不损害他的爱，不损害他那孩子气式的直率。你的爱越是能够坚定地阻止他滑向腐败和错误，你就越是能够得到他的信心里面最神圣的东西，就越是能让他和你心心相印。

当他的感觉本性与他的更好的自我本质开始斗争的时候，你就已经将他的身上的良知唤醒了，你的坚定性和你的爱抚的目的是同一个，让他自身激发起一种抗拒的力量，并将他自己的力量结合你的力量，共同促进他自己的进步。

一种教育以理想的家庭生活还有父母的力量为基础，不左不右，稳步地追求最美好的路线，那些横在引导孩子通往更高级生活的、狭窄但又唯一的道路上的种种障碍——得以克服——我发现在我所处的这个世界上，这样的父母实在太少。

囿于声色、自私自利生活的世界，用压力来控制人们，不断地掀起反对爱的生活、反对真理、反对他们更高尚的本性的战争。父亲母亲们也是属于这个世界的。在他们身上，在他们的环境限制和奢侈的生活中——在城市生活表面的虚伪中，在越来越威胁人性中真正高尚的东西的虚假文雅中——在所有这些东西中，有许多的势力将人的心智搞乱，将人的爱破坏，让人的精力窒息，将人的感情亵渎。这么多的东西直接对抗更高尚的本性，而儿童的真正的教育，却是由更高尚的本性决定的，所以人们在这一方面走入歧途就不足为奇了。令人惊奇的是，人类并没有因此陷入消沉，而是始终都在努力地追求内心世界的进步，并仍将爱和爱的活动视为提高自身的唯一手段。

最优秀的人们，不管他们是身居陋室的，还是头戴王冠的，总是在各种情况下，视他们他们自己的父母之心为最伟大的、最高尚的。教育中所有好的方面和这种父母之心始终是结合在一起的，尽管有可能会被世界的腐败所限制和贬低。这种腐败当然会对普遍享有这种神圣的东西进行阻碍，并且会对个人在家庭生活中获得它的努力形成干扰，甚至于把这种努力引入歧途。

第四篇
其他社会关系的教育价值

除了父母和孩子之间存在的亲属关系之外，孩子和别人的关系构成了孩子的情爱和活动发展里面最重要、最值得赞扬的因素。

从他在襁褓之中起，孩子的人际关系就在他力所能及的范围和很多方面开始发生，而且接触点越来越多。对于父母来说，他是子女，对于兄弟姐妹来说，他是兄弟姐妹，他还是亲戚的亲戚；对他的父母的邻居来说，他是他们邻居的孩子；他还是他父母所在的那个乡村或城镇的成员。

但是，在这些人开始影响他很久之前，他对这些关系并不了解，这些关系在他发展的不同阶段用不一样的方式为他留下印象。他一开始只会意识到那些在他周围满足他的需要的人，大自然的规律就是这样的。这种观点因为婴儿的需要和他周围环境的特性具有了权威性。婴儿没有自理能力，要求从各方面得到帮助。必须要有人过来帮助他，父亲、母亲和别的人来到他的摇篮旁，都是为了照顾他。谁走近他，谁就忙着照顾他，逗他玩，为他提供帮助。

所以，这时孩子明白了周围的人就是那些照顾他、帮助他、让他高兴的人。除此以外，他不懂得他和人类社会的别的关系。

但是，这种有限的孩提认识并不能长久，因为引发这些认识的事情本身就是暂时的。他必须学会从别的观点出发来认识和他有关的人，他必须要认真地进行思考，他必须要明白从他们那里他希望什么、期待什么、害怕什么。

大自然从来都没有偏见，她从来都不会在认识真理的道路上设置障碍。她像慈母一样，对那些还不具备自理能力的孩子进行安慰，让他形成对他和别人的关系的初步认识；然后又开阔他的眼界，像一位明智的父亲那样，让他认识到这种关系是可以利用的，因此成长和壮大。孩子们渐渐地学会了将各种各样的人从在他没有自理能力的婴儿时代的那些关系中区分开来。

如果到现在为止，他已经能认识到詹姆斯和约翰都是照顾、帮助过他的人，还和他一起玩过，他现在还能进一步区分，詹姆斯是他父亲的兄弟，而约翰是他父亲的佣人。他开始能够将父母称为祖母的老太太，和来求助父母的老邻居区分开。他开始将他父母笑脸相迎的人，和见了就发愁、退避三舍的人区分开。人们的这些存在和行为，在孩子面前越来越显示出和孩提时从各个方面曾频频给予他的关心和帮助不一样的特点。现在他也发现了，即使是母亲，在世界上的存在也不完全是以他为转移的，她经常忙得无法照顾他。他见的人越多，就会发现人们与他的关系越疏远；他越是用这样的关系来看待他们，他们看起来就越显得疏远。和陌生的人相比，他熟悉的人的圈子越来越小。一开始，他看到他周围的人都忙着照顾他、帮助他，逗他开心；而现在他看到所有的人更多地都在忙着别的事情。他看到一部分人不愿意搭理他，一些人因为自身的懦弱，而无法不照顾他，而相反地在他能够为这些人提供帮助的时候，他们就接受了。简而言之，他很快就认识到了，生活是混乱的。

他自己现在逐渐地用不到别人照料了，而在过去，如果离开了这些照顾，他是无法生存的，更别提欢乐了。在过去，他需要什么东西，得由别人给他拿来，现在他可以自己去取了。他为能够自己动手而感到高兴。他看到每个人都在尽自己所有的力量来照顾他们自己，他那刚被唤醒不久的认识有力地激励着他也自己照顾自己。随着能力的增长，最初的关于人们与他的关系的观念不见了，同时，他在强有力的和适当的激励引导下，产生了爱和爱的活动，爱和爱的活动曾经在他那天真无邪的早期岁月里为他带来过无限的欢乐。

他的父母不再笑眯眯地看他，也不再为了让他的眼里或脸上浮现出爱意，而带着他四处转。现在，当他抱着自己小妹妹、对着她微笑，就像母亲对着他微笑时，这种爱的表情就浮现在他的脸上。在过去，对他而言，父母就是一切，而现在，在父母的心中他已经占据一定的分量了。随着他成为讨人喜欢的助手，他在父母心中的分量就越来越重。

当他发现自己的感情活动范围在不断扩大时，他就逐渐地成熟、自信了。他开始在自己的内心生活还有外部生活中有意识地独立于父母，他的原则渐渐明朗起来，活动的范围也越来越大。

当他意识到这种力量和这种爱的魅力时，这种魅力就从两个方面得到了增长。首先是通过天赋的人类同情心；其次通过公民生活的外部联系。利用这两个手段，他从婴儿时的无忧无虑，上升到复杂的生活赋予他的最高也是最复杂的状态。在他扩大了的职责中，他被这同样的爱激励着，这种爱在婴儿时代家庭生活的狭窄范围内就表现出来了。他在早期所受到的培养而发展起来的力量的纯洁性引导下，担负起大家庭里面兄弟或姐妹的角色。在担任这个角色时，他也以孩提时在家中所表现出的同样崇高的心灵和人道主义精神来尽全力做好自己的事情。

存在于他头脑里和内心里的一个欲望，就是将一切好的、高尚的东西分享给这个大家庭。这是他的一个目标，也是一种享受。他早期的家庭教育已经让他适应了这一概念。他的关于人类父亲的观念也在扩大。现在，作为所有人的兄弟，作为穷人的父亲，他的新地位让他的爱得到不断的更新，他的活动能力不断地增强。这是他获得进一步发展的新动力。

第五篇
和自然相互作用的教育价值

　　下面就要进一步讲到整个自然界。所有有生命的和没有生命的东西，所有作用在儿童感官上的东西，这是我们现在描述的这个过程里的第三大要素。

　　最初的时候，在儿童看来，整个人类存在的目的，纯粹就是照顾他们、为他们提供帮助。同样，环境中的所有别的东西，最初只是在满足孩子们的需要的时候，才会影响到他们。渐渐地，他们从一开始有限的看法，发展到一种和他的需要和欲望没有关系的看法。在他看来，世界上的所有的客体，都是在他不熟悉的其他条件下，将它们自身的本质表现出来。清水止渴，面包充饥，葡萄、梨子、樱桃等仅仅是好吃——所有这些都让孩子极为感兴趣，然后才会想到面包是用植物产品制成的，水属于地球上的一种液体，梨、樱桃、葡萄都是乔木和灌木的果实。他的慈母先是为他穿上了亚麻织成的衣服，然后才让他看见了生长着的大麻和亚麻；他是先熟悉了鞋子，然后才知道鞋子是用动物皮制成的。他先是睡在羊毛被里，然后才知道了被子是用羊毛编织而成的，羊毛是在羊的身上剪下来的。

这种情况和之前的情况相同，是不会持久的。和之前说到的人们和孩子的关系类似，别的物体对孩子的意义，很快就超过了只是满足他的需要、供其享乐的范围。

他现在看到羊身上的毛和他盖的被子一点儿关系都没有；他看到了玉米和皮革，这些东西和他穿的衣服、吃的面包还有穿的鞋，甚至和让他看到了这些东西的母亲，也都没有任何关系。这样，世界的各个方面日益扩大地在他的面前展现出来，一切物体都更多地以它们真正的本性而表现出来，但以相似的面貌表现出来的很少。

当孩子还无法自理时，他曾从母亲的怀抱里获得了必要的保护，现在他从母亲的怀抱离开了，投入到了深不可测的、他母亲无法控制的世界里面。在这里，他受到了数不清的新事物的影响，对事物的兴趣也越来越浓。羊、鸡、鸽，现在所有活的东西都会让孩子高兴，他对周围所有的生命的信心都得到了增强。这让他感到高兴。把喜爱的、可以信赖的小动物放在母亲的腿上，就可以让他满心欢乐了。他从晚饭里挑出来一些好吃的东西，扔给了鸽子啄食；他去牧场寻找芦苇和树叶，那是羊爱吃的。乳臭未干的孩子充满了好奇心，兴致勃勃地跟着父亲和牧童去马棚、到牧场、去牛群或马群那里。大人们耕耘着土地，饲养着牛群，孩子总想去那里，并喜欢帮点什么忙。

孩子们为这些初步印象披上了一层神秘的、善意的色彩，世界被孩子们根据这种色彩描绘成充满了幸福的生命。然而这种色彩逐渐地消失了。孩子看到热乎乎的羊毛从羊的身上剪下来时，羊在瑟瑟发抖；牛是被逼着耕地的。牛用尽了自己的力气，是因为他的父亲牢牢地控制住了它，父亲的力量逼着牛干它要干的活；他看到母亲从母牛那里牵走牛犊，是希望一家人可以喝到更多的牛奶。

他看见美丽的玫瑰花上全都是刺，他看见空地上长满了蓟和其他没什么用的植物，他看到从田里归来的父亲看起来很疲劳，汗流浃背，他看见，没有让大人们精疲力竭的劳动，田里就不会长出所需要的庄稼。

经验让他学到了更多的东西。经验让他知道了，有些动物非但不能带给他们欢乐，反倒是会有死伤的威胁，有可能带来极大的不幸。他看见他心爱的鸽子被老鹰叼走、杀死了；他看到在老鼠垂死时，残酷的猫还要戏耍它取乐；他看见貂闯入了鸽笼，狐狸潜进鸡窝；他看见他那十分忠诚、看来十分天真的狗追逐着可怜的兔子和小母鹿，并将其杀死；他看见那狗又咬又叫，一路上不断地威吓着牛羊，将其赶进屠宰场；他看到那狗觅迹寻踪，把可怜的鸟赶出鸟巢，让其被猎枪击中，或者被猎网捕获。

但是，这些经历并没有将享受过母爱和人类同情心的孩子的爱扼杀。相反，强者加在弱者身上的残酷力量，唤起了他身上的一股悄然有力的愤慨，认为人绝对不能像这些动物那样。人不能乘机利用自己同胞中的弱者；不能像老鹰对鸽子，猫对老鼠，狗对兔子、鹿还有鸟那样对待他们。有爱心的孩子，看到自己心爱的鸽子或者羊羔死在自己的面前，就会放声痛哭："啊！我的鸽子！""啊！我的小羊羔！"他会边哭边拍爸爸的手，这样他的爸爸就会想办法让鸽笼不会再受鹰的袭击，让鸡棚不会再受狐狸的侵犯。

这样的孩子，他的父母已经在他的心灵里深深地埋下了高尚的人类感情，他自身已经有了良好和文雅的倾向，大自然为他留下的每一个印象都让他更加文雅。夕阳和朝霞，月亮和星星这些壮观景象都会让他感到欢乐；鲜艳的花朵和硕果累累的果树都会让他感到高兴。一个人越高尚，他曾经享受过的母爱和人类的仁慈就越让他高尚纯洁，温情脉脉，他为大自然的各种美景和幸福所唤起的爱和活动也就会越来越丰富。

但是无生命的大自然，也不是总在给人以美的享受，让人受益。那些滋润牧场的河水有时也会溢出河坝，将田地和村庄淹没，冲走了人和牛，要了他和它的命。没有火，人就无法烹饪，寒霜降临时，火可以让你的卧室变得舒适——但这种让人受益的火也是可以毁坏城镇和村庄。水从天而降，没有了水，不管是草还是玉米、葡萄或者林木，都无法生长。但是水有时也会变成大冰雹，落在正在生长的玉米身上，将丰收的希望统统毁掉，将无辜的家庭可以维持一年的口粮全都夺走，父亲曾经为了这点东西流下了辛勤的汗水。

但是，即使在自然界降灾时（要厉害于自然界赐福时），她还是将孩子的爱和活动的倾向唤醒了，假如孩子享受过由母亲的关怀和孩子间的爱所带来的文雅高洁的影响的话。贫穷让他流下了爱的眼泪。即使他平时不怎么动感情，贫困也能够让他产生爱。

对于富家子弟而言，即使他有一个铁石心肠的父亲，即使他自己本质上是一个自私自利的人，但是在他看见周围那些一无所有的穷孩子时，也会为他们掉眼泪。他会马上跑回家去找他的母亲要衣服，送给那些衣不蔽体的人，要食物，送给那些饥肠辘辘的人充饥。男孩子和小伙子，甚至是步履蹒跚的老人，看见邻居的房子着火了，也会赶去帮忙；即使他们救不了火，也会送一些东西过去，帮助那些受灾的人重建家园。

不过那种用爱培养起来的人，他越贫困，心里的圣火烧得就越旺；再遇到这样的情况，他的内心就会受到触动，就会做出巨大的努力。

地被洪水淹了的人携妻挈子地辛勤耕耘，好像奴隶一样，想的是要弥补损失；被恐怖的风暴夺去了一年的口粮的寡妇，只能辛勤纺织，这样她的婴儿才不能被饿死，她的另外几个孩子才能有饭吃、有衣穿，就像她的辛勤劳动果实没有被这场严重的冰雹毁掉时她们所拥有的一样。

所以，我们看见了，无生命的自然界不仅在其美丽和有益方面，而且作为一支破坏力量，在那些由母爱和人类同情心培养起来的因而能接受爱的感情的人们的心中，唤起爱和由爱而激发的活动。

探讨环境在孩子身上产生的印象这个问题将会花费很多的时间。所以，我将追寻我走过的路，并且，出于通过叙述问题的反面来增进对我所说过的东西的理解，我会把注意力转移到如果孩子没有受到最初的自然界的恩惠（这种恩惠是幸福和满意的生活的真正源泉）时，上述这些情况会带来的那些结果上。

考虑一下那些没有母亲的关怀、没有人类的同情的孩子吧，这一项最神圣的职责，他们的父母并没有尽到。在世界的消极影响下，一个母亲在大城市的上流社会中或者在乡间城镇的那些愚昧妇女群中也许是出众的、有名望的，但她却把自己的孩子给忽视了。乡间的不幸、成千上万人的贫困，让那些放高利贷的人有利可图。甚至那些父亲拖住了母亲，让她无法照顾婴儿，这样的话，他就不会失去世上那些令人陶醉的享乐了。当他已经有效地将他孩子的唯一幸福的源泉堵住时，他就会心烦意乱，会去四处寻求外部的那些效率极其低下的教育源泉。他会雇一位教师来代替父母，但是教师的主要缺陷，他们缺乏父母那种神圣的感情，也缺乏父母那种培养能力。这种能力实际上是极难找到的，在陌生人的身上找到纯洁的这种力量在整个世界来说都是极其罕见的。假如父母无法做到这一点，那就只能雇用那些来做亲生父母的替身的人，那么没有希望把孩子在爱和由爱所产生的活动中抚养成人了。孩子从小就处在虚假和虚荣的包围当中。

保姆即使没有在生气时打小孩，她也会站在窗边，呼吸着吹进来的新鲜空气，而根本不理睬她照顾的、正在哭闹的小孩。即使是一个有良心的家庭教师，也必然没有充分的时间待在一个这样的家庭里，在那里忙忙碌碌的只有他自己，别的人都不用管小孩，都在尽情享受人间的生活。

在这样的环境中培养小孩，将会获得灾难性的结果。在孩子的整个环境中，由于没有了文化的原始基础，孩子就无法找到能够把他的高尚的感情带进他那贫乏的生活的线索。孩子的发展过程中缺乏爱的性格，这是他的父母的过失。他那没有爱的性格也越来越严重，他开始视其同类为惊恐和烦恼的源泉。同类的虚伪，浅薄的炫耀、伪善，阴谋交易，这些都让他自私自利、冷酷无情。他身上既没有文明的举止，也没有高尚的品德。如果老鹰叼走了他的鸽子，饿狼把他的羊羔撕成了碎片，他也不会去拉着他爸爸的手，请他去对鸽笼和畜棚进行修理，让在笼里和棚里的那些鸟畜身上不再发生类似的不幸。相反，他看到同伙受到苦难会幸灾乐祸；看到狐狸、老鹰、猎犬还有貂去猎食其他动物会感到开心，因为对人类的生活，他的态度是漠不关心的。他已经不再有对反抗强者的弱者的同情；他开始认为弱者被凌辱、被践踏是无法避免的。

随着时间的推移，他的心渐渐被这些阴暗的思想影响得十分冷酷。如果斗争中有穷人死了，对没有怜悯之心的人来说，和他又有什么关系呢？谁让死的这个可怜人是个小人物呢？别人踩在他的身上，谁让他不反抗呢？怎么能让鹰不喝血呢？

整个世界以野蛮的伪装出现在爱心没有被父母唤醒的孩子面前。这样的孩子虽然也可能假装爱人，但是做不到真正地爱人的。

但是爱的本质是每个人都有的，只有那些缺乏爱的力量的人，才会冒险假装爱人。假装爱人，就是虚情假意地对人。没有爱心的人都有着羞耻心的外表，她（羞耻心）将自己深深地藏在这种虚荣的帷幕后面。这种伪装是其特有的，很少公开露面。

可怜的女人对左邻右舍都不理不睬，迫使不幸的孤儿从她的身旁离开，但是却对某些爱畜怀有深深的感情；在晚餐桌上，王国的公主在劝说王国的主人把王国让给她的心上人，就像其他妇女在给她宠爱的小狗一点儿食物那样。从可怜的女人到公主，没有爱抚的类型有很多种，不完全相同。

在这种人中间，高尚和有价值的人是被小人们嘲笑、瞧不起的。哪里只要地方潜入了宠儿们，爱心就会消失。真正的爱会避开宠儿们的虚伪，憎恨他们的欺蒙。

孩子的母亲为了自己华丽的外表，将其他的一切都忘记了，包括她的孩子。但是，不管是有生命的还是没有生命的自然界，不管是苍天或者是大地，都无法对孩子变得高洁和文雅构成影响。

苍天和大地将像对他的母亲那样无法唤起对他的更多的爱。这样的母亲看重地球上属于他的那一份，这并非为别人着想，而是只注重它对她无聊的虚荣生活会有哪些实际的影响。对这些人而言，自然界的各个方面都是腐败的，或者是被歪曲了的。

如果纯洁仁爱的妻子对躺在她的腿上、和她的孩子一并睡着的羊羔十分看重，这是因为在她的眼中，她可以通过自己的辛勤劳动，用羊身上的毛为她的孩子做成衣服；如果她对她的牛十分看重，那是因为她可以每天用牛奶为她心爱的人补充营养；如果她的丈夫在农田里挥汗如雨，那是为了自己和家庭能够得到生活的必需品，还可以用他的农产品，去帮助那些既没有田地也没有牛羊的人；如果他的力量因为爱而倍增，他忘我地耕耘——这些事情都是无法满足世界上的男男女女的。田里茂盛的庄稼，葡萄园里丰硕的果实，并不能将这些男女的内心愉悦唤醒，因为这些收成只能为那些饥饿的人提供食物，为那些精疲力尽的人、那些有孕在身的人、那些濒临死亡的人提供营养。这些人愉悦不过是因为良好的收成意味着这些农产品收成的盛况可以让他们进行享受和炫耀。

那些没有在爱的激励下生活的人，时刻都有跌入这种状态的危险。他的同伴不愿意教导他们。有生命的自然界对他来说是死的，没有生命的自然界又对他无能为力，上帝的世界肯定是无法满足这种人的。他希望专门有一个世界，为他自己还有他幸运的同伴提供大量的财产，这是他们可能要通过欺骗和无阻碍的终生奋斗才可以获得的财富。

但是我们的世界并不像这样。按照上帝的意志并且和人性的特征相一致，健康的世界是建立在其他的基础上的，而非这种腐朽的心灵可以把握、猜想甚至相信的东西的基础上的。有一个富人，就有数以千计的不幸的人。由此可以推断，这上千个人就会求助这一个人。对于这上千个人的要求来说，自私自利之心总是太小的、装不下的，哪怕只有这一千个。这是真实的。对这种自私自利的人而言，这个世界是多么的不幸啊！大自然界即使最高尚、最宏伟的物体的奇观，也无法将他打动。如果太阳只是为他一人而升起的，如果他可以坐在太阳车里越过地球，用车轮的火焰将一切那些不顶礼膜拜他的人都烧死，那么他是会爱太阳的。如果他可以把月亮和星星关进自己的帐篷，他也会同样爱上月亮和星星的，并且只有他自己和它们在一起，他的睡眠将会是多么的愉快啊！

第六篇
关于乡村教师

如果我们对国民教育这一主题进行考察，并首先考虑一下那些和穷人教育有关的所有机构，比如学校、孤儿院和工业学校等，显而易见的是，普通学校的影响是最基本的、最普遍的，也是最深远的。毫无疑问，普通学校可以决定人未来生活的成败。

如果教师富有智慧、仁爱和纯朴精神，可以胜任他的工作，获得了青年和老人的信任，在他眼里，爱秩序和克己要比实际知识和学问更为重要和高尚，洞察力超强，可以看到孩子将来可能发展成怎样的人，并将这个作为目标，指导自己的教育工作，教师如果可以做到这样，他就会成为这个村庄的名副其实的父亲，将那些最优秀的父母取代，当父母无法再教育孩子时，他将承担起这一工作。这样的教师可以也一定会让整个村庄的爱增加，对青年的力量、能力、思维方式和举止进行培养，所以可以顺应时代的要求，让他的父辈身上和思想中的那些最圣洁最高尚的东西得到保持并发扬。这样，这位教师就可以说是为这个村庄的未来造了福。

相反，如果教师是一个徒有其表的人，是一个傲慢自负、自私自利的学究，信口开河地解释因太深奥而无法解释清楚的手艺；他的职业训练不良，无法凭借别的方法，而只能靠耍嘴皮子糊口；他孤芳自赏，瞧不起那些种地的农民，尽管他比那些最富裕的农民更能吃喝玩乐；在村里，他起到的是破坏而不是好的作用，是一个恶人，对远近的人危害都很大、消极的影响都很深远，在这种教师那里，孩子们就算可以通过满意的方法学会了说话、学会了阅读和写作，学会了解答千千万万个问题，但是这样的教师的影响依然是负面的，这一点是毋庸置疑的。他无法替代父亲的作用，也无法将自己的教学结合家庭早期的教养；相反，他用自己的生活与行动，暗暗地对孩子已经养成的良好习惯和行为准则进行破坏，并以自己的伪善，来破坏大自然最神圣的联系。

孩子的父母可能是正直、灵巧、谦逊的，但是他们的孩子们却成了愚笨和傲慢、不会思考的人，像他们的老师一样。他们成了软弱、贪婪、不幸的动物，和他们的老师一样。所以在他的影响下，在未来的好多年里，整个村子的道德风气都在下降。村里的所有坏事，都可以在学校找到肥沃的土壤，并三十倍、六十倍或上百倍地增加。选择这样的教师，便意味着带来了所有邪恶的偶像。

无论在教师选择、考试和学校组织上投入多少智慧和热情，也无论奖励多少学生，并怎样安排功课，让学生爱学习、爱学校，如果一个可以尽量地替代父母作用的教师，如果没有鼓励并培养一个青年来做这件事情的机会，如果甚至都没有意识到鼓励和培养一个挑这样担子的青年是一件好事的话，那么就不会实现让穷人的孩子受到适当的教育这个理想。相反，他们的所有不良品德就像暖房里的植物一样，得到培养并迅速成长，仿佛他们将来的成功十分依赖他们的速成教育。

有一件事被忽视了，也就是关于好老师的问题。如果一个地方没有好教师，那么这里的整个教育活动，就像一个人眼中进了灰尘，不会看见自身的需要。所以，谁想要穷人拥有最好形式的学校，首先就一定要保证人手的充足，这些人要可以胜任自己的工作，能够以生活的智慧的洞察力和爱来对孩子进行培养，让他们成长为当地生活中朝气蓬勃、训练有素的成员。

这种人并不会像落雪和下雨那样从天而降。生活中最重要的事，就是当教师了，最困难的事，也是当教师。教育的才华只被大自然赋予了那些具有伟大智慧和慈爱胸怀的人。和其他一切事业一样，在教育事业中，这些特殊的才华也是需要激励、发展和训练的。

目前，个人花费不定多少时间来保证其子弟可以获得足够的技术或职业训练，他们花的时间甚至要多于君主或国家花的时间，因为毫无疑问，培养人是最重要的，也是最困难的。这种情况只要存在，就无法提供充分的国民教育，无法想象他们的学校可以成为应该成为的那样——也就是成为补充家庭教育优势的工具，为懦弱的穷人提供帮助的工具，帮助他们纠正缺陷的工具。如果一个国家存在这种学校，会在生活各个领域都让人性变得高尚。然而，拥有这种学校的国家，或者正在努力办这种学校的国家在什么地方呢？我们无法自欺欺人，事实是，还没有任何一个国家已经做好了这种准备。不过我们也一定要承认，这是一件非常困难的事情，而且它的开头是没有多少把握的。

要想培养出好的教师，先要假定有一种与众不同的人存在。我们的教师正努力将他们中的人培养成为学者。乍一看，这一不同的种类仿佛是不存在的。但是，没有这种人，只是因为寻找这些人的人既没有什么智慧，也没有发现这种人所必不可少的品质。地球上的好东西，当人们轻蔑地谈论起它，或者将它忽视的时候，是无法显出它的价值的，但是用耶稣的话来说，"有追求就会有发现。"任何一个追求高尚和圣洁的东西的人，都是在用自己的热忱来鼓励别人，而你却说找到极爱自己家乡，并愿意和穷人共患难的人是不可能的！去寻找他，你就会找到他，然而你自己一定要是愿意帮助穷人的人。然后，你不用为在生活的各个领域中、在各种条件下找不到这种人而担心，这种人饱含人性中类似的热忱和爱，这种人有想法，并且也有能力成为世界所需要的那种教师。鼓动你的同乡一起去寻找吧。不但可以找到教师，而且还会得到支持、尊敬、爱戴和雇用。只要这样做了，我们就是克服了国家教育中那个看似不可战胜的困难。

我一定要加上一点。这一运动不会来自教师本身。这一运动一定要是和他们完全独立的，发端于国家自身的良好愿望，发端于国家愿意做这件事的总的倾向。如果不是这样的，可能有很多可以培养成教师的人，但是国家对他们没有兴趣，他们可能遭到别人的误解和冷落。和那些误解他们的人相比，他们是更加高尚和正直无私的。这个事实只是让他们的处境更加困难。他们的工作变得极其低效，他们也会不再具有勇气。

如果是反过来的情况，如果寻找青年的是有影响有价值的人，他们要将这些青年培养成教师，为他们提供支持和帮助，他们就可以改变世界。爱可以将苦难消除，教师的工作会成为人人关心的事，疑虑就会不复存在，对人性的信念也会恢复。父亲和母亲就会和教师合作，人类同仁的神圣纽带就会无比牢固地交织在一起。孩子就会成为父母的欢乐，父母就和孩子成为朋友。

第七篇

实践技能的重要性

在上封信里面，我的心境不允许我说得太多，我只好就此搁笔。我是正确的。当我的心情陷入了忧郁和绝望当中，或者在极度狂喜里升腾到云霄之上时，我可以说些什么呢？

朋友，如果抛开这极度绝望或狂喜的心情不谈，我又可以说些什么呢？

在人类最庄严的特征——语言这个永恒的虚无里面，在其庄严的力量之中，我发现了它的外壳的永恒的限制标记。我的精神受到了它的限制，在里面萎缩了。我在里面不仅看到了人类丧失了的纯真的观念，也看见了羞耻的观念。只要我不是一点价值都没有，这种已经失去的羞耻的观念就总在对我进行着提醒。只要我还没有堕落得极深，这种心情就时时在我心中，让我挽回失去的东西的力量得以复苏，让我从毁灭中自救的力量得以复苏。

朋友，只要人类无愧于他最庄严的特征——语言，只要人类怀着让自己更优越、更高尚的纯真愿望，将它作为保持人类优势的工具、强有力的表意工具进行使用，那么它就是一种神圣的、高尚的东西。但是，只要人类一旦配不上这个特征，不再将其作为表达自己优势的工具，又将让自己优越的愿望丧失，那么，它就不过是自然界中一种永远都不会枯竭的、幻觉的源泉，使用它，就会让人们的尊严丧失，变得野蛮，变得颓废。它会成为人类将道德和精神本性彻底毁灭的首要的、最有力的工具，成为人类内部的不幸、国民中的不良行为和不应有的灾难的头号来源。社会犯罪也就随之产生。

与此同时，人类最巧妙地用语言将所有这些败落和罪恶掩盖住了。我们语言的腐败堕落传播得有多么广泛、对当今世界各个方面的影响有多么深刻，简直是无法估量的。我们可以在上流社会、宫廷、法庭、书本、戏剧、杂志、报纸等当中，随处找到它。简而言之，它尽其涣散之力，存在于我们生活中的任何一个角落。褪褓中的儿童就受到了腐败堕落语言的刺激，在学生时代又被其鼓动，于是就伴随了他们的终生，目前，这种局面比过去任何时候都要广为人知。我甚至能够这样说，上到国会大厅、布道讲坛，下到各个酒店和旅馆，人们都在说它，每个地方都能够听到它。人类的堕落与纵欲的一切根源都是从这里发源，并在其中同恶相济，随后便滋生蔓延。

用这一点，只需要用这一点，我们就可以为这样一个可怕的事实做出解释：语言的腐败是和人们的堕落齐头并进的。它让不幸的更加不幸，让愚昧的更加愚昧，坏人的犯罪活动更加肆无忌惮。朋友！无补于事的空谈导致了欧洲的犯罪活动日益加剧。它和过度的文明有关，它的结果正对我们的情感、思想和行为的基础产生着影响。它和我们的奴性的广泛增长有关，和我们的独立心的同样广泛丧失，有着密切的联系——在这个国家里，失去了独立的心不只是普通的下层阶级，还有我们所谓的绅士、贵族、名人们。它还联系上了我们中产阶级的日益增长的颓废，而这个阶级正是被视为所有真正的政治力量和人民幸福的中流砥柱。

越来越多的出版物的目录只是我们时代里极大罪恶的小小的症状。然而那些贴在墙角上的政府和私人的招贴广告，在数量上和规模上也是越来越多、越来越大，经常比膨胀了的出版物目录表现出更加明显的罪恶。总而言之，我们很难预计，在我们这部分世界的许多国土上，已经达到这样的地步的一代人，因为他们的混乱、懦弱、凶暴和不协调，将会被语言的叽叽喳喳的颓废引向什么地方。

我还是继续之前的话题吧。在对这个问题进行实验研究时，我最初根本没有明确的教学想法，完全没有，我不过是这么向自己发问："如果你想要在一个孩子身上培养出他所需要的一切知识和能力，通过明智地照管他的基本事务来实现内心的满足，你将要做些什么呢？"

我刚刚发现，在我写给你的一系列书信里，我考虑到的只有问题的第一部分，也就是对儿童的判断力和知识力的训练，而忽略了对他们的行动能力的训练，这些行动能力并不只是通过教学（指知识和科学方面的教学）来培养的。但是一个人通过行动而首先自己内心的满足所需要的行动能力，实际上并不局限于教学性质迫使我涉猎的那几个课题。

我不能将这些空白丢下不管。一个恶魔般的幽灵为这个时代带来的最可怕的礼物是：有知识却没有行动的能力，有见识却没有实干或克服困难的能力。这正是可能而且容易让我们的生活与我们的内在本性协调一致的能力。

人的需求甚多，对一切都向往。你想要让你的需求和愿望得到满足，就必须认识和思索，为此，你就一定（而且能够）行动。而且，认识与行动的关系又是如此紧密，以致一方停止，另一方也会随之停止。但是，只有在你身上培养行动的能力（没有行动能力，就无法让你的愿望和需求得到满足），还有你对需求与渴望的对象的观察力，并且提高到同样完善的程度，才能让你的生活和内在本性保持协调一致。因此，这些行动能力的培养与认识能力的培养对同样的机制法则十分依赖。

活着的植物、动物和人的自然机制是完全一样的。动物的本性只是肉体的，人的本性同样也是肉体的，不过人是有意志的。自然可以在我身上产生出三重结果，但是自然始终不会发生变化。其一，自然法则以物质形式对我的肉体本性产生着影响，也在用同样的方式对整个动物界产生着影响。其二，只要我的判断与意志的感觉方面的基础由自然法则决定，它们就会对我产生影响。从这方面说，则是我的意见、决心和爱好的感觉基础。其三，自然法则对我有影响，让我可以掌握实践技能。我通过本能，感觉到我对这种实践技能是需要的，通过洞察力识别了它，通过意志掌握了它。但是就此来说，教育艺术一定要摆脱大自然的主宰，教育我们人类，或者换个更确切的说法，摆脱自然对每个个人所持有的偶然的态度，让它处于知识、力量和方法的掌握之中，因为知识、力量和方法是自然长期以来为了人类的利益而教给我们的。

诚然，人们从来没有将在日常生活所需要的活动中必须接受培养的想法丢掉，即便在华而不实的人为训练导致的极其衰退时期也是这样的，个人更没有将这种意识丢掉。

所以道德、智力、实践等方面的天性，让人类努力进入生活的道路。在生活的道路上，这种需要的意识又在日益发展，越来越强。这在各个方面都对人类摆脱盲目的自然的主宰而改善自己有帮助，对摆脱和自然的盲目性密切相关的、片面的、华而不实的、人为的感觉训练也是有帮助的，并将其置于长期以来始终在提高人类的智慧力量、方法和艺术的掌握之中。

但是，无论什么时候，由人组成的团体总是屈从于感觉本性的要求，屈从于对感觉本性的华而不实的、人为的训练。在这一点上，团体是大大超过个人的。政府也是如此。政府作为团体、群体或者集团，屈从于感觉本性的要求以及感觉本性的退化的程度，是大大超过屈从于个人乃至集团中单个的成员的。父亲轻易不会冤枉自己的儿子，同样，老师也轻易不会冤枉自己的学生，这是确定无疑的，然而政府轻易地冤枉它的公民却是屡见不鲜的。

上面说的情况反过来的可能性不大。人的本性以更大的温和与更加纯真的力量作用在每个人身上，而作用在群体、集团和邻里则不一样，无论是哪种类型的群体、集团和邻里。个人身上所保留的人类初始的、共同的天性，要比保留在任何一个集团或邻里中的更纯真，也更有力。天性可以并且是实实在在地对个人进行着激励，但是却无法给予任何群体或集团同样的激励。它已经将可能并且应该产生和发展对人类整个能力范围的影响的基础丧失了。有一点是不可否认的，只要是天性中圣洁的东西，都会利用其对自然力的和谐的影响，而在个人的身上表现出来。但是，不管是什么样的情况下，天性中这种圣洁的品质，一旦影响到作为集团出现的群体或集团，就会出现残缺不全、丧失效用的情况（不管它单方面以什么样的形式出现），还会利用这种影响在群体或集团中，产生带有僵死力量的团体精神。每一种人的联盟都在其自身中产生僵死的力量，天性则以同样的僵死力量，对所有类型的人的群体产生影响；不管什么地方，只要有了这种情况，天性对真理和正义的影响，进而对民族的启迪和民族幸福的影响就一定会受到阻碍。

分清天性对个人和团体的作用是非常重要的，应该获得更多的关注。一旦将这一点分清了，很多人类生活的现象，特别是很多政府的行动，我们也就可以理解了。这也是我不能过多地指望政府来关心个人，关心公民的教育以及和公共福利有关的所有事情的原因——这些事情只有个人才可以完成。

不。如果一件事情是个人的生命力和精力可以做好的，那也就是人民可以做好的，政府却无法做到。这是一条永恒不变的真理，很容易从人类本性的角度来解释，整个世界历史也可以证明这一点。我们不光不能指望政府，还不能强迫它。为了让所有的人可以为公共利益贡献一份力量，政府绝对不应该对他们在智力、气质和能力的培养方面的需求视而不见。

当时，我颇为痛心地说，我们这个时代的政府没有足够的力量和生机，来获得将这一目标实现所需要的实际技能。我们这部分世界上的公民，在培养他们的智力、能力和气质方面，没有获得每个人所需要的实际帮助，这一点是不可否认的。公民如果具备了这种智慧、气质和能力，一方面可以通过精明地处理自身的事务而获得内心的满足，另一方面又能够方便地提供并且确保国家所需要的一切。为了获得许许多多人的支持和帮助，国家只有使这些人拥有良好的品德、智力和实践能力的修养。只有这样，国家才能维持下去。

　　一个心地高尚、受过教育的人需要掌握的所有能力，取决于他的知和行的能力。人类所需要的智慧和知识，不是自发地产生的，同样的道理，他所需要的所有能力也并非自发产生的。培养智力和技能需要一套循序渐进的方法，需要适合于人类本性、符合心理学的规律。同样的道理，培养这些行动的技能，也由一个基础牢固的教学艺术初步的机制所决定，即得遵循教学艺术的普遍规律。按照这些规律，儿童能够通过一系列从最简单到最复杂的训练而获得教育。这种训练的结果一定可以让儿童在他们需要教育的所有方面，获得越来越得心应手的技能。

　　然而，这个教学初步并没有找到。我们很少能够发现没有人寻找的东西，这是非常自然的。当时，如果我们拿出在金融市场上那种追求任何微小利益的热情，那就很容易找到它。只要找到了，它就会大大地造福人类。这个教学一定从体力的最简单的表现形式开始，因为这里面蕴含着人类最复杂的实践能力的基础。搬运和打击、投掷和刺戳、旋转和拖拉、摆动和绕圈等，都属于我们最简单的体力表现形式。它们自身虽各不一样，但是或合或分，里面都蕴含着所有可能的行动的基础，甚至构成人类各种职业的最复杂的行动基础也蕴含其中。所以这就显而易见了，这些基本动作的训练，一定一律从按照心理学原理安排的早期训练开始，单项训练和综合训练都是这样。当然，这些基本的四肢操练一定要和基本的感觉训练协调合拍，和一切机械思维练习协调合拍，和形状训练还有数字教学协调合拍。

我们非常需要一套分级训练，从最简单的开始，一直到最高级的完善程度，即从对最微妙的神经功能的训练开始，因为它让我们可以准确而又多种形式地进行刺戳和回避、投掷和摆动等活动。我们还得从相反和相同的方向开展训练手脚的活动。就流行的教学而言，所有的这些都是空中楼阁，没有什么基础。我们有的只是识字学校、写字学校、问答式（海德尔堡式）教学学校，但是我们需要的却是培养人才的学校。

对于那些主张任何事物都要彻底顺其自然的人，这些都是没有什么用的，他们秉承着任其自然的观念，对那些营私舞弊、伤天害理的事表示着支持；对于那些畏首畏尾的、热衷于人所不齿的自由放任的绅士们也是没有任何用处的。

活动机制拥有和知识机制一样的发展过程。就自我教育来说，活动机制的基础也许具有的影响是更加广泛的。要想有能力，你就需要有行动；要认识，你就一定要在很多的情况下保持被动，你只能通过看和听的方式。

所以，谈到你的活动，你并不仅仅是活动的教养中心，而

且在很多的时候，它的最终用途也由你决定——总是没有出自
然机制法则范围。在没有边际的、没有生命的自然里，它的
状况、种种需要和关系决定了各种各样物体的特性；同样的道
理，在无边无际的、有生命的、促使你的才能发展的自然中，
十分需要的那种能力也由你的处境、种种需要和关系所决定。

　　上面的看法让我们明白了我们活动的方式，对了解发展了
的活动的特性也是有帮助的。在我们的能力和活动的发展里
面，存在一个中心点，人终生有义务要做的、要照管的、要忍
受的、要提供的等等所有事情的个人责任心，都是建立在这个
中心点之上的。所有让我们背离这个中心点的影响，都一定要
视为与明智的人类教育的影响是相冲突的。所有的影响，如果
它通过让我们背离这个中心的方式，引导我们运用能力和活
动，从而削弱或者彻底剥夺我们的义务要求我们的特定性质的
活动，或者让我们和这些活动的关系不再协调，或者通过某种
方式，让我们再也无法为同胞和国家服务，如果是这样，那么
这种影响都应该视为偏离了自然法则的、和自身与环境都不协
调的影响。所以，它是我的自我修养、职业训练和义务感的阻
碍；是一股可以毁己的、欺人的力量，它让我的生活关系不再
依赖我的真实品质的纯洁美好。

　　各种生活，各种教学或教育，生活中运用受过训练的能力
和才能，只要其自身带有诸如教育和活动、我们人类的真实品
质、我们的关系和我们的义务之间不同的种子，都应该受到所
有将自己子女的终生心安理得地放在心上的父母的防范。因为
我们一定要在这种错误中将那些罪恶多端的、无稽的伪启蒙的

和悲惨的伪变革的根源找出来，不管是在教学中，还是在受过教育和未受过教育的公民的生活中，这二者都占有了一席之地。

显而易见的是，我们一定要特别注意按照符合心理学的方式，让我们的行为能力获得发展和培养，也要特别注意进行心理训练来培养认识能力。而这种培养我们认识能力的心理训练，要以初步的直观作为基础，它一定要用这个基本线索来对儿童进行引导，让他们获得最纯正的明确概念。德行的感觉基础是行为，培养这种行为，我们一定要探索一套初步教学方法，以发展这种能力，并在这个过程中来探索感觉培养，也就是对我们人类履行人生义务所需要的那些能力和行动的身体灵活性的培养。我们一定要将人类的人生义务当作德行培育所里的牵引带，一直到这种训练让感觉高尚，再也不需要这个牵引带，才可以停止。

有了这种方法，一种适合于人类的、适合于那些培养履行人生义务而需要的实践能力的普通教育就有了发展的可能性。就像智力教育要从完整的感觉印象开始，发展到明晰的概念，进而用语言表达这些概念和给这些概念下定义一样，这种普通教育要从完整的行为能力开始，进而发展到对规律的认识。

因此，如同定义先于感觉印象会让人们自以为是地高谈阔论一番一样，对德行和信仰的口头说教，如果比生动的感觉印象的现实早，人们就会被引入歧途，导致混乱。不可否认的是，这些混乱不清的自以为是的基础是亵渎和不洁，深藏于所有的想当然里面，一般会导致德行较好的信徒干出自以为是的恶劣行为。我还以为，早期的德行感觉培养上的缺陷和早期的认识感觉培养上的缺陷会产生同样的后果（在这一点上，经验的说服力更强，这样是必然的）。

不过，我觉得自己刚刚开始接触一个更大的问题，它远比我自以为已经得到解决的那个问题大。这个问题就是：

一个自具本性的孩子，他所处的环境和关系不是一成不变的，而是变化不定的，因此，他需要受到什么样的训练，才可以在他生活的进程中轻松地满足需要、履行义务呢？而这些又是怎样在可能的情况下，成为他的第二本性呢？

我看到了一项刚刚开始的工作，就是将穿着童装的小女孩，培养成令人称道的妻子，丈夫的贤内助，善良、出色、能干的贤妻良母；将身穿童装的小男孩培养成为令人称道的丈夫，强有力的、对他的妻儿尽职尽责的父亲。

这工作是多么的了不起啊，我的朋友！这种工作试图将儿童未来的职责精神培养成人类下一代的第二本性！还有一点更为重要，那就是，要在追求物质欲望侵袭到血脉以致使德行和才智无法发展前，将可以促进发展德行和才智的心理气质的感觉手段融入他们的血脉里。

朋友！这个问题也得到了解决。发展我的认识的感觉基础的自然机制法则，同样也是促使我培养德行的感觉手段。不过亲爱的朋友，现在我无法就这个问题如何解决进行详谈，下次再说吧。

第八篇
对教育的漠不关心

考虑到已经完成的和教育方法有关的调查研究，再将贫困的真正原因考虑进来，我深信我们的这部分世界还处在黑暗里面，真理的阳光，还有象征温柔的爱的柔和目光都无法穿透这黑暗，照亮它。我很清楚自己现在要说的这些可能引起各种各样的误解，但是这也没有办法，因为我所抱怨的这种黑暗，已经成为我们生活、行动和赋予我们生命的一种要素。我这里只打算谈两件事情：民众教育，贫困的原因。我再一次强调，对于我所坚持的目标——给予这两件事情正确的处理——这些灾难性的浮夸境况是不利的，我们虽然身处黑暗当中，但是有不少事情我们能够看得更加清楚，处理起来也会更加合情合理。总体而言，涉及人的高级天性的东西被我们忽视了。这是千真万确的。现存的错误已经达到什么程度是我们所不了解的。现在流行的观点、偏见、欲望和风俗，无一例外地都对穷人和富人的心理倾向产生着影响。将这些倾向消除，那就意味着一场思想革命。怎样掀起这场革命？谁会来讲它呢？又有谁会来听呢？现在普遍的就是漠不关心的态度。我们自己也被影响了。我们的激情已经丧失殆尽。至于我，也对我们所处的这个时代麻木不仁了。这一世界已经不再是属于我的了。民众教育、人的教育和穷人教育——只有在更单纯的社会中才有可能实现这些我梦寐以求的教育理想。但是我还是陶醉在我的梦中；我做着我的梦，以极大的热情。更理想的、我梦寐以求的教育，使我想起一棵栽在河边的树。那是一棵怎样的树呢？它的树根、它的树干、它的粗枝、细枝还有它的果实，都是从什么地方长出来的？你在地上种一粒极小的种子，树的全部属性都蕴藏在这粒种子中了。

种子是树的精髓，它靠着自己的力量长成参天大树。让我们看一下它是怎样从母亲的土壤里显露出来的。在你还没有看到它的时候，在它还不曾破土而出的时候，它就已经深深地扎下了根。随着种子内在生命的显露，它的外壳不见了。当种子开始发芽时，它自己就腐烂了。种子是在一边生长，一边消逝的。它已经将生命力转移到了根中，它已变成了一棵树根。种子的能力转化为根的能力，所以我们现在有了树根。整棵树包括挂满果实的嫩枝，都是由它的树根生长发育而来的。树的所有生命，都无非是各种要素持续发展的结果，而这些要素早就已经存在于树根里面了……

各部分的多样性中存在着根本的统一性

请留神关注树的这些组成部分。它们数量虽然很多，但是并不混杂；它们各自独立，和别的部分区别明显。每个部分按照自己的规则生长，但都和整棵树始终保持着联系。正是因为这种统一性，树才得以完成自己的使命。树的生长和人的成长是类似的。甚至在儿童还没有降生的时候，就已经具备未来能力的萌芽了。在人的一生中，他的能力不断发展，这和树是一样的情况。人的各种能力都是不一样的，彼此独立。一棵树也是，彼此独立的各个部分通过其机体生命的无形灵魂，以其天赋的有序的统一精神一起进行工作，以完成共同的任务，也就是生产果实。人也是一样。天赋之爱将人的内在精神激发出来，赋予生命以统一性。他的各种能力协调工作，以实现一个共同的目的——人格，它的内在本质并不依赖于躯体。在这方面发挥作用的是灵魂，躯体是无能为力的。但是，人的灵魂并没有在他的任何一种能力之中表现出来，实际上被我们称为"才华"的东西，根本无法揭示灵魂；灵魂既没有存在于人的手中，也没有存在于人的大脑里。人所独具的、显示人的特性的力量——人的本性的统一性的核心——是他的信仰和他的爱。在信仰和爱的力量下，人的知、行、智慧和行动的力量实现神圣的统一，让一个人成为真正的人。

　　从人的教育的角度来看，对于人来说，人在信仰和爱的方面的能力和树根对于树的生长是一样的。树通过树根从土壤中吸取各种养分，并运输到树的其他各个部分。人们必须看到，他们自身高级天性的根基保持了一种和此相同的力量。他们可以看到，有了温暖的阳光，有了松软而湿润的土壤，树根是怎样促进树木生长的，最终又是怎样让它完美无缺地立于它的同类之中，成为这个世界的一个杰作的。不过再从整体的角度考虑一下树。如果树根扎的土壤是贫瘠而又坚硬的，那么就会干涸，树也会因此死去；而如果将树根移植到沼泽地或者其他肥沃过分的土壤里，那么它的吸收和消化能力也会承受过重的负担，树同样会死去。

这些就是树木有机体生长和死亡的根源与条件。现在，来看一下你们自己，你们的能力是如何获得生命力的，也看一下导致了你们全部能力的衰败和死亡的，又是哪些原因。问下你们自己，与树木和它的有机体本性，在哪些方面是相同的，又在哪些方面是不同的。

树无法自我帮助，人可以

你们的各种能力像树的能力一样，是彼此独立的；正如树的"灵魂"通过一个共同目标——结出果实，将它的各种能力结合在一起一样，你们也是同样的情况。你们的任何一种能力都有其独立的存在状态，任何一种能力都是受它自身的法则制约，但是一切的能力，也是由一种内在的人类灵魂而结合在一起而形成的，为的是实现人类的共同目的。树根中的有机体灵魂快速地吸收土壤中的养分并输送到树的各个部分，或者在土壤中迅速地枯萎或遭到了毒害。人类的有机体机制也是同样的道理，也有一个根存在于它最深层的部分，整个人生的灵魂就寓于其中。人通过这个根，从躯体还有外部环境里吸收生命的力量。但是也是从同样的源泉中，通过同样的途径，产生了毒害我们身上真正的人性、最终导致枯萎的种种影响。但是，人类的肌体和无生命的物体不一样，也和动物和植物不一样；人类的肌体，这是一个感觉的框架，神圣的人类生命就存在于这个框架的里面。人类生命的真正源泉以及人类善恶的真正源泉，都不是依附于人的躯体，而是从人类感觉的自我和感觉的环境中吸收过来的。它是自由的，它超越了一切肉体的羁绊。它利用了人体中存在的所有肉体生长的力量，和植物体中的力量一样，植物是通过园丁的技艺来吸收力量。当树周围的土壤出现了板结或者干涸，园丁就会浇水来滋润土地；他也完全可以对干旱的土壤不管不顾，如果他愿意的话，就这样让树自然而然地死去。同样如果树木是生长在沼泽当中，园丁就会将沼泽中的水排出去，调节土壤的湿度，或者什么都不做，听任树木自然而然地死去。不管是哪种做法，全由园丁的意愿所决定。树木屈从于没有生命的自然界的影响，它的生命力量无法抵御外界影响，而人身上存在的高级灵魂是自由的，能够任其感觉的天性和感觉的环境来将自己毁灭，同时也能够抵制和克服感觉的天性和感觉的环境。

人的意志是自由的

人的感觉的天性、遗传倾向和世界环境对他的各种影响和人的真正天性的关系，和那些毒害树根、让树根枯萎的坚硬土壤、石块、岩石、滚烫的沙子和沼泽等因素和树根的关系是一样的。树木被这些外部力量所摆布，树木的生存被这些外部力量所威胁，而人的高级天性——它让人的多种活动具备了统一性和单一的目的性——却是自由的。

让人们反省反省自己，看看他们是怎样和自己、和同伴和睦相处的吧。让他们想一下，他们本来是能够与信仰、仁爱、真理还有光明和睦相处的，本来是能够和睦相处的，而环境又是怎样逼着他们和这些东西作对的。观察一下你们周围的人们，再仔细地观察一下你们自己，追溯一下人的成长过程。人在长大成人的过程中受到了锻炼和教育，内在的力量让其得以生长发育。在处理一些事情的偶然境遇中，他得到了锻炼；他所受到的是什么样的教育，取决于同代人的方法和目的。人的肉体的生长遵循的是永恒不变的法则。人们受到的锻炼是偶然的，这由人所处的不断变化的环境所决定。他的教育是合乎道德的；只要意志自由可以将力量和才能显示出来，教育就是人类意志自由的产物。

人是三个因素的产物

按照那种关于这些力量和才能是纯粹生长的观点，人是他自身永恒不变的法则的产物。而按照人的锻炼的观点，人就是偶然境遇和交往的结果，机遇和交往对人的力量的自由和净化有影响。按照人的教育的观点，人是道德力量影响的结果，对人的自由和净化产生影响的是道德力量。从本质上讲，支配人的成长的法则是永恒的，让人受到锻炼的影响是感觉的和环境的东西。教育的影响从本质上来说，也是自由的、偶然的。

一定要将人们的锻炼和教育视为有助于我们内在能力倾向发展的影响。我们对环境的影响进行控制，让其和支配人的能力生长的法则保持一致。教育上的努力也同样要和其保持一致，但是，教育和锻炼的实施又都可能和其是相抵触的。只有当这两者和支配人成长的法则保持一致时，人们的锻炼和教育才具备了它们本来意义上的价值。如果它们没有保持一致，那么人的天性就会被扭曲，就像植物被妨碍其各部分物质机制的外部力量扭曲了一样。如果教育和锻炼和支配人的能力发展的法则不协调，和把人类所有力量统一到一个共同的目标中的人类意志的原始纯洁性不协调，那么人类天性发展的法则就会遭到种种外部力量的干扰，这样的危害和对植物或动物的生长构成威胁的外部作用力量是一样的。人身上的实际才能和知识是相互独立的，不过在执行意志时，它们是永恒统一的。信仰和仁爱让意志获得了自由，有了这种自由，我们知和行的全部能力才会获得引导，获得发展，我们内在的人性才能得到充分的揭示，让肉欲服从于仁爱、正义的要求。

　　生活已不再是过去那个纯朴、直率的生活了。我们已经将古老的诚实精神丧失，是否能够恢复？我们难以确定。我们用嘴来对我们的祖先进行赞美，但是在我们的内心深处，我们却和他们相距遥远；我们的行为与他们不一样，正如澳大利亚人的行为和我们的不一样。我们已经将在他们视为必不可少的知识变成了大量、没有价值的知识，将他们视为没有用处的愚昧变成了必然的事情。他们那健康而积极的天生智慧没有了，我们用没有思想内容的空洞的语言形式取而代之——文字符号吸走了健全的感觉里的血液，就像野貂紧紧地抓住鸽子的脖子，吮吸它的血液一样。我们不再对我们的邻居、我们的穷亲戚、我们的同胞有所了解。相反，我们阅读报纸，了解宫廷、戏院和大都市里的种种趣事逸闻，了解君王家族史，而且我们的政治和宗教观点每天都在变，就像每天都换衣服一样变。我们的祖先对他们的思考力的锻炼是既简单又有力的，没有谁费神去探求更高级、更难懂的真理。与此形成对比的是，我们懒得通过训练思考力，好能够在这方面和先辈相比。正相反的是，我们却学会了夸夸其谈一大套玄奥抽象的东西。我们通过阅读一些通俗报纸，来获得高深研究的成果，所有人都在讨论这些内容。在我们的祖先中，每个健全的人都至少努力做到对一件事情达到了解——他的职业，并将这视为光荣的事情。而现在那些身居高位的人，靠的是他出身豪门。很多人为他们父辈的地位或职业感到羞耻，不再从事他们父辈的职业，反倒非难别人的工作，把自己的工作搞得一团糟。我们中间那种维系公民地位的精神已经消失了。除了显示我们已经知道了什么、已经有了什么以外，我们不再过问我们是什么；我们卖力地炫耀着所有和所知，仿佛它们是用来卖的……

要想将所有这些人为虚设的遮蔽物清除，就要通过教育改革，教育改革和对穷人的关心是一码事。但是，正确的教育是什么样的呢？它就像园丁的艺术，园丁照料着成千上万棵树木，让它们生长、开花。对树木的实际生长来说，园丁并不能有所作为，生长的原理还是来自树木本身。

园丁植树、浇水，而让树增高的是树自己。不是因为园丁松开了树根，树才能从土壤中吸收养分；也不是因为他将木髓和木头、木头和树皮分割开来，树才能让从根部到顶端的嫩枝各个部分都得到充分的发展，让各个部分聚拢到一起，构成一个永恒的统一体，最终生产出果实——其生存的最终结果。园丁对于这一切是无所作为的。他所做的不过是浇灌了石头般的、树根无法深扎的干涸土地，他不过是将积水排走，让树木不会被水淹，他不过是看护着树木，让树根、树干或树枝不致受到外部力量的伤害，将树的各个部分结合起来、保证树木健康生长的自然秩序不会受到干扰。教育者也是一样。他并没有传授给人们任何能力。他既没有为人们提供生命，也没有提供呼吸。他只是看守着，防止人们受到任何外部力量的伤害或干扰。他关照着人们，让人们的发展沿着和其发展的法则保持一致的轨道前进。但是，他必须对人类心智的特殊构造有充分的认识，这一构造适合把人的各种能力结合在一起，以完成其最终的任务。他要明白大众教育的正确方法一定要和人类能力发展所遵循的永恒法则保持一致，他还要明白，这些方法一定要对增强和净化我们各种能力的、道德的、宗教的束缚有利。我们天性中的道德、智慧和实践能力，一定要一如既往地来源于它们自身，并且服务于它们自身。信仰一定是要源自信仰，而非源自对被相信事物的了解。思想一定是要通过思维活动而产生的，而不是通过对所思考的问题或者对思维法则的认识。爱也一定是要由爱发展起来的，而不是来自对什么是爱、什么值得爱的讨论。同样，实践能力一定是要来自实际操作，而不是对操作不厌其烦的讨论；我们知道什么和能够做什么由人的能力范围决定，但是这种能力范围一定是从属于我们意志的高级法则的……

我根据我自己有起有落的经历发现，无论儿童的社会地位是怎样的，教育问题实际上都是相同的；教育并非要将专门的知识或技能传授给他们，而是要让人类的基本能力获得发展

（人类的基本能力，当然对富人和穷人都是一样的）。在《林哈德和葛笃德》中我已经谈到了必须更加注意意志的锻炼——可以说是人类才能的中心问题，也是其幸福的源泉。我试图让人们看到家庭是通过各种方法来锻炼意志的出发点。

第九篇
教育工作的进展

在最近的这几年里，尤其是在伊韦尔东的几年里，我和我的朋友们力图对个别能力的训练进行归纳，以求形成心理学的方法，因为我们认为这是首要的教学法问题，我们在这方面的探索上花费了很多的时间和精力。但是我们不得不承认的是，自己的工作在很大程度上是比我们希望得到的结果落后的。另外我们的工作还有不少人也参与了进来……各人按照各自的做法，要么照搬我们的方法，或者以此为基础加以发挥……那些比我自己的那些可爱的见解看得更远的人，愿上帝保佑他们！我的荣誉成了他们的荣誉，他们为促进这一事业做了有益的工作，我要对他们表示感谢。但是，我倒想将真正属于我自己的东西保留下来，这样在别人运用、发挥它的时候，不会将其精神实质丧失。在为伟大的目标而奋斗的过程中，我希望它能和别人的能力共同发挥作用，当我们的努力中的所有只属于人类的东西将永远消失的时候，这个伟大的目标会得以幸存……是的，我会始终坚持我对真理和正义的独立见解。虽然我的家乡遭难，不过我个人的微薄的努力也并非一点成绩都没有取得。我敢冒昧地说一句，在本世纪结束之前，就能够看到我们的事业是会被那些感谢它的人们所接受了。它具备经得起时间考验的优越性，对此我是坚信不疑的。我已不再为阻力和疑虑而感到烦恼。这些烦恼已经让我吃够了苦头，不过最近，我已经感到比较欣慰了。我甚至不再担心自己在真正地解决民众的教育问题之前，会变成一个白头老翁。我现在认为，就算真的有了这样的机会，我也不能对能够影响国民教育的进程，或者能够为改良人民的实际生活条件和生活方式提供帮助抱什么指望。穷人生活在道德沦丧之中，这一点是我所没有认识到的，这一点和要彻底根治贫困的根源就一定要认识到贫困的根源并不在穷人自己身上一样，这些根源将穷人的所有自立才能完全淹没，让穷人不得不忍受。它的情况和一间小屋被山顶崩落的石块压倒，或者被森林洪水冲毁是一样的……那些穷人自己身上有的、用来帮助穷人的手段，我还没有弄清楚；我没有形成确定而强烈的感觉：如果要将穷人唤醒，让他们认识到帮助他们的最伟大最神圣的手段，那么这些手段是必要的；我还无法让它们作为最有力的拯救穷人的全国性工具来出现……

环境迫使我对人类能力发展的过程，对合理的民众教育的基础进行更深入的调查。关于民众教育以及与之密切相关的贫民教育问题，如果我们要获得确切而令人满意的观念，那么绝对有必要确立关于初等教育的价值的成熟观点。一方面，这些观点要考虑到每个人能力的发展能否遵循其自身的自然法则；另一方面，还要充分地认识到意志自由是人类能力体系的中心。这些观点要求对教育的责任有一个充分的认识，即通过信仰和仁爱来培养意志，让其成为真理和正义的事业——为真理和人们的事业作出牺牲自我的奉献。在理性上，也规定系统知识的学习一定要以能力训练为基础，而不能反过来，这一原则对体育也是同样适用的——先训练一般的能力，再训练专项的技能。这是大自然安排的顺序，无论哪种适合的教育过程，都不能忽略它……否则你们得到的教养就是不实在的，徒有其表，就像我们现在为之感到痛惜的那样。

教育的科学

我已经可以得出这样确切的结论：一定要将教育提高到科学的水平，教育科学应该是从对人类天性最深入的认识发起，并以此为基础的。在得出这个结论之前，我还无法连续不断地致力于民众教育问题。当然对这门科学，我是一无所知的，我不过是头脑里有了一种预感，然而它是如此地鲜明，充满了我的脑海，仿佛已经是一项既成的事实。这并非我自己的想法，时代的大环境已经让它成为一个世界性的需要，早晚会被全世界所认识到。我这样一个年事已高的人，世界不会拒绝欢迎我的——在这欢欣鼓舞的时刻，希望将这小小的奉献在人性的祭坛上。你们，我的朋友和兄弟，也一定不会拒绝的。我请你们到我的身边来，恳请你们和我合作，进行那些我始终觉得我可以总结出更合理更系统的民众教育原则和方法的工作——为了这一事业，我已下决心为我死后做好万无一失的准备。

徒劳的善行

但是，在我说我自己愿意为了民众教育、为了让穷人的处境有所改善而工作时，我也看到了，在我的周围有不少慈善活动。它们并没有让我感到舒心，不过有一点我应该注意，那就是不要低估它的价值。只要是不盲目地自私自利的人，都是可怜穷人的。在古代，有很多对穷人利益有好处的壮举，都是来自一些默默无闻的富人。相对说来，古代的壮举可能要多于现在的。现代的奢侈生活当中产生了数以万计的受苦受难的穷人。过去的生活相对比较简单，受苦受难的穷人也就几百人。此外，和现在相比，古代人们帮助穷人，很明显是出于对人与人之间关系的神圣性的尊重。而现在，我们疏远了社会生活关系，过去的那种关系已经消失了。穷亲戚、穷邻居、穷仆人还有穷教子教女，已经不再像先前那样直接地向我们求助了……在古代，因为邻居高尚的慷慨之举的存在，地位上的不平等对穷人来说还是有好处的，而现在这种不平等则为他们带来的是毁灭。那些沾染上了富人的奢侈的穷人就会遭到唾弃，我们总是不会再同情他了。

这样，在他们遭人唾弃后，我们又因为他们遭人唾弃，而冷漠地对待他们，并为此感到心安理得。我们用将自己毁灭的源泉来毒害他们，然后又耻于接近他们。和我们华彩照人、争富斗荣的生活相比，他们悲惨的生活境地相形失色，所以世人对他们不闻不问。即便是这样，人们还是做了很多解决穷人燃眉之急的事情。人类的自私自利虽然有增无减，表现方式也是越来越笨拙和冷酷，但是就算是在最糟糕的时代，也没有将帮助穷人的那些措施彻底放弃；而在这个可怕的岁月里，临时性援助的不足以让人感叹，而在人们毫不指望出现的地方，慈善的激情得到了充分的增强。不过这种激情并不能将贫困的问题彻底地解决，要想真正地解决这个问题，除非我们能更普遍地确信在人身上——所以也是在穷人身上——潜藏着种种能力，对那些知道怎样使用它们的人来说，这些能力是用之不尽的财富。

现在极为紧迫的，是一定要让人们确信这一说法的真实性，同时要让这些热衷于钱财、名望和享乐的当代人逐渐意识到，给予一个穷孩子无微不至的关怀，要比养一头肥羊价值更大；让乡村摆脱贫困、悲惨的处境，让那里的人过上幸福而自尊的生活，要比拥有几座舞厅更加荣耀；唤醒堕落的人格里的感激和助人之愿望，应该比奴婢成群、良马满厩更感到愉悦……

富人能够为穷人做的事情

我应该更详细地说一下。

一个私立的机构，越是可以较好地保持它的经营效益，保持它的教育影响，甚至还有比较舒适的条件，那么它的经营者就越容易将穷人接纳到他的机构中来，为他提供某种工作，通过这样的方法，让他成为独立的、有技术的、可雇用的人。通过更深入的调查，人们意识到，如果富有的阶级认识到了自己的作用，他们就拥有很多的行善、施教的好机会。他们可以帮助众多的青年男女从供大于求并且在其中也不会作出什么卓越成就的农业市场离开，招收他们服务于国家，服务于人类。毫无疑问，这样做的好处不只是在穷人这方面。如果那些豪门望族让自己的孩子密切地接触劳动阶级那些健壮而质朴的孩子，他们将会从这个过程里得到多少好处，我们对此还不是十分了解。大土地所有者占有了土地，所以躬身农业。农业是人类文化最简单也是最原始的手段，他们能够利用穷苦孩子整年累月的劳动，来为自己谋取利益。他们除了饲养一些耕牛外，还可以教育几个孩子，让他们像牛一样，长时间地为他们劳动，他们对这一切并不用付出什么代价。而如果与此同时，他让这些孩子都成为能独立思考的人，那么他们将会为他带来多少愉悦感啊！如果他愿意在与他们的关系中输入博爱的成分，哪怕极少，那么他的佣人也都会更加愉快地为他服务。他可以让这些愚笨而孤弱的农夫变成技能熟练的农业工人，因此提高这个国家的农业水平。这样的做法，既不麻烦也不耗资，更重要的是他还有利可图。每一个大土地的所有者，如果不打算将大部分的时间消耗在宫廷里、森林里，或者消耗在以他的财产可以办到的、无伤大雅的寻欢作乐的事里的话，那么按照我上述的方式，一点点地将他的那些无依无靠的劳动者变成自己拥有小块土地的人，就可以为国家作出巨大的贡献，为普通的国民文化开辟一条新的途径。这样一来还可以消除土地占有所带来的差异，也可以创造出更高的收益，改善人们的地位和福利。

差不多每一个产业部门都是这样，那些首脑都有一些这样帮助穷人的机会，和穷人合作，帮助改善他们的境遇。每个雇工都明白，有效的体力劳动是财富的源泉。同时，如果雇主们首先能让他的雇工的子女接受良好的训练，将那种特殊产业必需的专门知识还有技能掌握，其次能够鼓励他们从小就把自己的零花钱攒起来，由此培养他们具有对他们将来维持自己生计有帮助的节俭思想，那么雇主们是可以推进穷人的训练、福利和教育的。利用尊崇所有权和节俭的风气，来让穷人的尊严和道德得到提高，在这方面可以做多少事是难以估计的。假设开办了一所面向穷人孩子的学校，他们在这个学校里不仅能够学到某方面的技术知识，还能够受到最基本的智力和体力的能力训练，孩子们在这里接受良好的全面教育，并达到很熟练的程度，那么，有了这样一个途径，个人就可以在更大的范围内做到他所能做的事情。那些贫穷的、原来这样做只能维持生计的城镇青年就会获得那些和经济上的独立性有密切关系的尊严和道德的情感；另外，这些城镇也就不用再被迫依靠外国工人和外国工厂主，所以也就可以全面缩减开支了。

农村教育

有些土地贫瘠，人口稀少的地方，需要将农业科学和某种城镇产业结合起来。民众教育和文化在这样的地区可以达到最高的发展水平。在我看来，这一观点将一直是所有民众教育和文化的真正基础。如果对其进行科学组织，我相信获得一个对农村地区人口发展和经济繁荣有利的结果是可以实现的。我自己在四十多年前在新庄为穷人的孩子开设了一所学校，目的是将农业和当地另一产业结合起来。因为我的经验不足，这所学校最终失败了。即便是这样，我现在更加确信我的想法是正确的。对新庄，我有一种难以描述言传的亲切感，这不只因为我的实验，还因为我陷入了长期的苦闷当中。虽然它通常意味着我经济上的破产，然而我毕竟在那里坚持了 40 年。我花在它身上的钱，超出了它的价值的一倍，然而，这样的想法——"你还能在那个地方为穷人的孩子开一所学校"，让我没有卖掉它。我还是坚持着我年轻时期的想法，而且，虽然我的关于为穷人谋福利的本质是什么的某些想法已经有所改变，我的内心还是充满了一种无法抑制的希望，在那块我生活过的地方，希望我从前的某些目标可以不失时机地实现。不过因为这将是我一生中最后的事业，因此在我公开宣布以前，所有基本的步骤都要仔细地考虑好。"宁静致远"这句格言我从来都没有遵循过，反而忽视了它，也让我付出了很多泪水和代价，目前我已是半截入土，我不希望再因为犯同样的错误，而将这个我最后的也是最重要的事业毁掉。

　　与此同时，在准备进行那些大计划之前，我可以做一些类似这样的事情，也就是考虑一下怎样在所有的农庄既方便又低廉地培养儿童。在国家处境艰难的时候，我希望每一个可能采取的措施都应该用来拯救那些穷苦的人。在那些自然资源雄厚的地区，我们应该努力将我们国家仅有的少数工业结合最科学的农业知识。此外，我们应该宣传、提倡和节俭国内开支有关的综合性知识。对我的计划来说，通过发展文化来摆脱国家困难的所有方法都是重要的。

　　但是，那些流行的各种济贫方法对国家和穷人来说，都算不上提供了真正的帮助。通常来说，这些类似于一个人将一副鞋扣扔给站在他家窗前的乞丐，这位乞丐没穿鞋袜，并在乞求他的施舍。甚至即使在最有利的情况下，它们也无法影响到对我们国家腐败的根源。

济贫精神

如果我们对惯常的济贫方法进行更仔细的调查，就会发现，这些方法都没有一种教育传教士式的努力精神——也就是没有神授的父母之爱、对童心的高尚的激励、在家庭外很难找到的兄弟般的爱和姐妹般的忠诚的那种纯洁；不存在一种方法可以提供感觉刺激与信仰和仁爱之间的确定的、连续的相互作用，对智力和实践活动也没有提供同样强大的刺激，而这些刺激在自由地、令人信服地影响每一个人。这些方法都没有家庭生活应具有的圣洁和高尚的影响。一方面，因为它们宏大的规模，所以它们就没有了家庭式那种亲密无间的关系，只能在卑下的社会环境中的狭小范围内找到这种关系；另一方面，这些方法是公众力量的反映，或者总体来说，它还是外部权力的反映，而非那种在家庭的火炉旁可以享受到的幸福健康的感情。谁能够怀疑这样的制度通过它们的环境，特别是通过主任、经理、管家等人所接触的各种环境，显现在父母般的同情心几乎是不合时宜的情景里面？现在，国民愚昧无知，道德、智力还有伦理不断衰败，情绪日益低落，都已经到了十分严重的地步，以致已经成为国家面临的一个危机，而国家这种机构是绝对不能没有的。尽管我们的理论是不科学的，但是我们的情感总是倾向于为了让穷人在物质和精神方面的需要得到满足而提供帮助，这一点已经获得了上帝的认可。但是我们同时不要忘记，能够发挥消防队作用的机构，能够有效地弥补洪灾导致的损失的机构，并不因此就是一个出色的教育机构。可能会将预防火灾和洪水的忠告写进全国性的委员会的指示中，但用于解救实际灾害的措施就没有被编入这些文件中的可能了。

第十篇

家庭是教育的起点

父母般的同情心是民众教育、国民文化和济贫的唯一真正的基础，它的纯洁、真诚和力量，能将儿童心中爱的信心唤醒，从而将身体和精神方面一切能力结合在一起，变成爱，变成主动服从。正是在家庭圣洁的感情中，自然本身为人类能力和谐、正确地发展进行了充分的准备，我们一定要在家庭里寻找我们教育科学的出发点，这样教育科学才可以形成一种全国性的力量，才可以让人类的知识、才能和行动的外部表现和我们天性中内在的永恒而神圣的本质形成完美的统一。

如果"容易的发明创造无非是锦上添花"这个命题可以成立，那么下面说的命题就更可以成立了：人类的机智为人类带来的利益，很容易和我们天性中内在神圣的要素联系起来；反之，将这种神圣的要素视为人们小聪明的产物，是我们现代生活的错觉导致的结果。

穷人的起居室——我这里说的不涉及那些已经沦落到没有家庭生活地步的人——是统一一切神圣要素的中心，这些要素属于人类天性的构成力量。但是，如果无视这个圣洁的场所，无视家庭生活的所有纽带，我几乎能够断定，他就是将自己小小的奉献投到了信仰和爱的统一范围以外了，投进了世界的泥潭当中，或者是将其作为一种牺牲品，放在自私的祭坛上了，他在教育方面的尝试也是没有任何意义的。现在对家庭生活和家庭幸福的忽视，一定会让我们坠落在云雾之中。已经让我们感到悲伤的，不只是因为现代生活的外部形式，还因为家庭的纯洁的乐趣和有教育意义的影响已经为现代生活的时髦和奢望所取代了。我们已经将我们祖先的宗教信仰和源于这种信仰的好处给丧失了。

在我们这个时代，拯救恬静的家庭生活的宗教已经丧失了它的所有精神实质；它已经成为争论神的问题一种傲慢的癖好，虽然它也还存在一些改进的迹象。

现代社会当中，阻碍发展的最大、最严重的祸害，是父母们对他们自己可以在教育子女方面有所作为的不相信态度，他们这种自信心的丧失表明我们的方法比较肤浅。

教育的七个必备条件

第一，父母的兴趣。

所以，恢复这种感情应该是国民教育的首要目标，让父母们意识到，实际上他们是可以培养他们的子女的。首先要让我们的父亲和母亲们重拾信心，教育子女主要不是家庭教师和保姆的事，而应该是他们的事情。在这个问题上，让公众舆论回到以往的观念上去是刻不容缓的，即一个失去了父母的孩子，即使他的保护人具备雇用世界上最好的教育家来做他的家庭教师的能力，但是他依然是一个不幸的孤儿。更为迫切的是一定要让父母们感受到亲自过问自己子女的教育所带来的那种欢悦感，以致再也不愿意失去这种乐趣。

一定要让他们认识到忽视子女教育所失去的东西，这一点是至关重要的，要让当前的这一代人认识到，在教育中如果没有父母的影响，就意味着他们生活中最坚实、最令人满意的方面已经离他们而去了。

第二，民用之书。

每个关心教育的人，应该首先考虑的是怎样编写一种供民众使用的书，这种书会为各个阶层的父母们提供一些意见，告诉他们在子女的培养中能够做些什么。它应该是一本为母亲和家庭准备的书，告诫人们别再忽视教育是它的首要目的。它应该肩负和大力士一样的任务。编写这种书，我们一定要将人类天性中所有最好的东西、它的同志式的友谊力量、洞察力和实际技能利用起来。它应该描绘教育工作的乐趣，还要描写得栩栩如生，这样才能吸引父母们参与到教育工作中来。它应该简明地向父母们简单而令人信服地揭示，他们有众多引导他们的子女利用自己感觉的机会，让他们的感情生活更加崇高。它也应该告诉他们，要怎样利用儿童周围的环境，如何使用系统的感觉理解练习，为今后生活中更科学完美的学习打下良好的基础。同样，它还要对父母进行引导，要了解儿童的思维能力和实际操作能力应该如何锻炼和培养。总的来说，这种书将力图说明应该如何通过那些即便是最贫困的家庭中也可以使用的简易方法，"自然地"促进人类意志、知识和能力继续发展。

如果我们尝试编写这类书的行动不是以这样的工作为基础：对大自然本身在揭示我们个别的能力和那些高级法则时使用的方式方法进行全面持续的调查，通过这些方式方法，大自然将我们的这些个别能力和我们所有才能的总和联系在一起，那么我们是无论如何都不可能编写出这样一种书的。所以，我们努力建立一种完美的国民文化，一定要以对人类发展中的自然程序的仔细调查为基础。这就是我们的第二个必备条件。

第三，特殊知识领域中的教学组织。

第三是另一个目标，这个目标并非不重要，即必须对每一个知识领域的教学与我们人类天性中的各基本才能的关系进行考虑。这些特殊科目所用的方法和练习，和那些基本才能的自然发展是否协调我们一定要搞清楚。对于每门学科，我们也一定要搞清楚，儿童可以完全掌握的是哪些部分——首先利用单纯的感觉活动，然后通过记忆，最后通过想象——这些组成部分又是怎样被当作锻炼和发展基本的自然才能的手段，同时也被单纯地当作学习这门学科知识的材料，当以后年龄和能力条件可以的时候儿童能够利用的材料，就像人们通常将石头、木材、泥灰和沙子运到一块地上后，才会立志建起一座大厦一样，因为他这时已经为这座建筑准备好了材料。

第四，利用好数、形和语言方面已取得的那些成果。

这一点同时也非常重要，即组织国民文化体系的时候，我们应当设法利用上我们在语言、数和形方面取得的试验成果，把它们当作纯粹的思维要素。实际利用这些结果一定要和发展爱和信仰方面的社会能力，还有发展实际操作能力的基本练习保持协调……

第五，体育活动的组织。

其实，我们还需要在这些智力训练的基础上组织体育活动，首先训练手和眼睛，直到专门的职业训练。

第六，实验学校。

除非我们可以发现这样一些途径，通过这些途径，所有的人都能够获得我们现在讨论的那种知识和能力，否则要让这些措施真正地影响到国民文化，是无论如何都不可能的。所以对于我们至关重要的，是要努力建立起学校教育和家庭教育之间密切的联系。只有这样做，才能让知识和技能成为民众的财富，同时又对人民有益。所以，一定要建立试验性的学校，孩子们在这种学校中能够掌握智力和实践教育的要素，让他们在从学校离开后，还能够去对他的兄弟姐妹进行训练。这样更高的目的就能够逐步地得到实现，让父母可以在家里对子女进行智力和道德方面的训练，而且还能让他们身体方面的能力和实际操作能力得到发展。

第七，还要有训练有素的教师。

但是，为了让这种学校从设想变成现实，有一点是我们首先要保证的，那就是要有持续不断的人才供应：可以信赖的、可以管理这些学校的男男女女们。如果我们的确准备实现合理的、符合心理学的国民文化，那么就有必要选出大批道德高尚、确有真才实学的穷苦青年男女，并对他们进行教育，让他们可以以最大的热忱来投身这一事业。他们必须亲身享受过——在当代可能的情况下各种系统的人类才能和技巧的全面训练，这些才能和技巧是人们可以在家庭中应用并付诸实施的……

坦诚地讲，如果我在坚实的基础上来推进在我认为是对良好的国民文化是必不可少的那些措施的话，那么我首先会尽我所能地在人们的家庭中创造并维持一个很高的水准。

为了实现这一目标，我会单方面存入 5 万镑，每年的利息只会用在以下的地方：

（1）对教育的原理和实际进行更广泛的调查和研究，从而可以让教育过程得到更进一步的简化，更适用于家庭。

（2）秉承这种精神，培养"要素"教师（包括男教师和女教师）。

（3）设立一所或者更多的学校作为"试验站"，在这些学校里，将用"要素"方法来对儿童进行训练。

（4）继续完善家庭教育和训练的方法。

第十一篇
婴儿初期

……这个问题我不知道是否值得哲学家们注意，不过我相信，一个母亲是不会拒绝和我们一起来对婴儿出生后的一段时期的状态进行思考的。

无能为力的婴儿期

首先，这段时间的状态是一种彻底的无能为力的状态，所以我们才会注意。乍一看，它仿佛是痛苦的，或者至少是一种不安的状态。截至目前，还没有哪怕是微小的细节能够提醒我们，除了人的动物天性外还有什么别的才能，甚至即使是这些动物天性，也都是处在最低级的发展阶段。

动物和人的根本差异

另外，在这些动物天性当中，有一种本能，始终在非常稳定地发挥着自己的作用，并且它的力量随着动物生存功能日复一日地重复，还越来越强。众所周知，即使很少甚至不去注意保护婴儿，好让他不会受到外部环境的种种危害影响，或者不以非同寻常的营养和照管来增强它，这种动物本能也一样会飞速地发展，并且很早的时候就能达到强度和力量上的最高点。在一些原始民族当中，儿童的动物性能力可以得到极大的发挥，并会得到飞速的发展，这是一项人所共知的事实，它充分地证明人类天性中的这一部分，是和别的动物的本能完全并行发展的。

动物和人类婴儿期的比较

这种相似性是如此的引人注目，以至于我们经常发现，任何一个想找出别的才能的某些踪迹的尝试都失败了。实际上，只要我们用心观察生命最初阶段人类本性的那一部分——这一部分往往被我们忽视了——就会很容易忽略那些初看起来十分微弱，但是也正是因为微弱，才值得我们去爱护、去培植的东西，它能将我们对它发展的兴趣充分激发出来，而且它的发展将足以报偿我们付出的那些劳动。

虽然这一相似是令人惊诧的，然而它绝对不能证明，哪怕是处在生命最初时期的婴儿和动物之间存在的差异就可以为我们所忽视。从表面上看，动物的发展可能会更为迅速，在构筑一个健康而舒适的动物生存状态的种种品质上所具有的优势，也可能是更大的。

在本能的引导下，动物让身体的力量和灵敏性获得这样迅速的发展，但是动物的发展却永远停留在提高身体的力量和灵敏性的阶段。在整个生命期内，动物的享乐、努力以及成就——如果我们能够这样说的话——都是没什么变化的。动物可能会因为衰老或者不利的环境而出现退化，但是它决不会进展到超出其充分发育后所获得的肉体方面完全成熟的水平。如果说除了这个以外还有一种新的能力，或者前面所说的各种动物本能还有别的功用，那都是动物的自然史上前所未闻的。这与人是不可同日而语的。

本能和道德的萌芽

人的身上有一些东西一定会在适当的时候，通过一系列事件表现出来，而这一系列事件是一点儿都不受动物生活的支配的。动物永远都在受本能驱使，动物生命的维持还有动物所具有的所有能力和享乐都可以归因到本能。但是有一种东西可以让人宣称他握有绝对支配其所有能力的权力，约束他天性里低级的部分，引导他作出种种努力以保证他按照道德的标准而拥有人的一席之地。

出于造物主的意志，动物一定会按照它的本能来发展。人则是注定要遵循更高级的天性。一旦他开始显露精神方面的天性，就必然不再允许自己由动物天性支配了。

我的下一封信在向母亲指出一个新的时代，她可以在这个时代看见婴儿的精神方面的天性的一些最先显露的特征。

第十二篇
母　爱

我们已经了解了，动物本能总是追求本身的瞬间的满足，从来都不会注意别的动物的舒适和利益。

只要别的才能还没有觉醒，我们就不能将这种动物性本能以及它对儿童的主宰视为才能；在这种本能中，并没有一点儿自觉的成分。虽然从表面上来看，它是利己的，但是它并不想要这样。造物主本身仿佛已规定了它应该这样强烈，而且实际上是唯一占支配地位的东西，自觉意识与其他种种才能甚至还不能保证动物生存的首要条件——自我保护。

但是，如果在显现了高级天性后，对这种本能还是放任其为所欲为的态度，还和以前一样无拘无束，那么它就会开始和良心发生冲突。它每放纵一步，都会让儿童的利己本能向前发展一步，还会让他那更为仁慈、更为温和的天性受到损害。

过度溺爱和放任自流之间的平衡

我希望人们可以对这一点有清楚的理解，或许我能够成功地解释那些我认为发端于这一原则的供母亲使用的法则，就不用再喋喋不休地讲述那些抽象的观点了。首先有一条古老但是有效的法则，请母亲坚定地遵循着：要持之以恒地关心婴儿，尽量坚持同一种做法；如果孩子提出实际的需求，就不要忽视；如果他们提出了非分的需求，甚至胡搅蛮缠，那么也决不能放纵。实行这种做法越早，就越能持之以恒，孩子所收获的好处越大、越持久。

如果坚持下去，那么就很快能看到这个计划的便利和优越之处。第一个优越之处是对目前有帮助。她可以免受很多干扰，可以少生很多烦恼。这样做虽然要求极力保持耐心，但是她并不会生气，她能够在各种场合，通过和孩子的交往而获得满足；她会经常有这样的感觉：做母亲不只是尽义务这么简单，而是乐在其中。

不过优越性将更多地在孩子身上体现出来。

任何一个母亲都可以根据经验，要么谈论她的孩子从这种安排里获得的益处，要么谈论和这个相反的做法所带来的不良后果。如果是前一种做法，孩子们的需求将会非常少，而且还会非常容易得到满足；同时还会产生一种更加完美的、确定可靠的健康标准。相反，如果忽视了那条法则，或者是从一种避免严格对待孩子的愿望出发，做母亲的对儿童的无限制任性听之任之，那么很快就能看到，无论她的用意是多么的好，这都是一种不明智的做法。其结果是，如果她无法满足孩子的需求，她就不会得到安宁，她自己的安逸都会被牺牲，又无法让孩子获得幸福……

我们都不是天生的哲学家，不过我们都渴望拥有一个健康的身心状态，这种状态的最主要特征是——没有奢望，知足常乐。

儿童对母爱的反应

按照我前一封信所陈述的那些理由，可以视母爱为最强有力的力量，感情是早期教育的自然动因。在我看来，这种看法是对的。

母亲在最初行使权威时，应该十分谨慎，每一步都一定要经过她良心和经验的验证，证明是正当的，才能进行；她要考虑到自己的责任，考虑到她的措施对她孩子的未来幸福会产生重要的影响；她应该有这样的观点：就她的权威的性质来说，唯一正确的观点是将其视为一种责任，而不是一种特权，绝对不能认为它是至高无上的。婴儿如果保持安静，或者不急不躁也不恼人的话，那么他通常是在为母亲着想。

我希望每一个母亲都要注意遵循权威所采取的行为方式，和为了别人着想所采取的行为之间的差异。

前者是推理的结果，后者则发源于爱。这种直接原因一旦消失了，第一种行为就有被抛弃的可能；而后一种行为则是持久的，因为它并非以外部条件为转移的，也非一时权宜之计，而是以一种道德的、永恒的原则为基础的。

我们现在所面临的情况下，如果婴儿没有让母亲感到失望，那么这将是一个最有力的证明，首先是因为爱，其次是因为信赖。

关于爱，婴儿想要博得母亲喜爱的愿望，是最开始的，也是最单纯的想讨人喜欢的愿望。如果人们对在一个刚刚开始生长的婴儿身上是否存在这种愿望都要怀疑的话，那么我将再次求助于母亲们的经验，就像我差不多在所有场合所做的那样。

它同样是信赖存在的证据。在婴儿没有人照管，当婴儿的需求没有得到必要的注意，看到的不是慈爱的微笑，而是横眉冷对时，想让他恢复安静和温顺就不容易了。有了安静温顺性情的婴儿就会知足而不贪婪，就会耐心地等待欲望的满足。

爱和信赖在婴儿心中一旦扎下了根，竭尽全力地激励、增强这种倾向，并使之升华，就成为了母亲的首要责任。

她一定要去激励它，要不然这种温柔的感情就会衰退减弱，不再和同情心保持和谐的心弦就会停止颤动，湮没于无声无息当中。但是，孩子的爱绝对不会得到激励，除非通过慈爱；孩子将永远不会产生信赖，除非通过母亲的信任。母亲自己的心声一定能将孩子的心声唤起。

她还必须用心地强化那种原则，目前增强所有力量的手段只有一种：实践。经过不断的重复，同一种努力将会越来越得心应手，无论是心理上的还是体力上的，每一种能力都将把握更大地、成功率更高地去完成某种操练，一旦形成了习惯，它的这种操练就十分熟练了。所以，母亲必须要谨慎小心行事，并且要做到始终如一。这样就能够有计划地激发孩子的爱，让他产生信赖，除此之外，再无坦途。她要做到自己不能发火或感到厌倦，哪怕只是很短暂的一瞬，因为要说清楚孩子是如何受细枝末节的影响是非常困难的。这种影响既无法判断一种行为的动机，也无法预测会产生什么样的后果：对于过去，无非是有个一般的印象，对于未来则是一无所知。所以，现实或以强烈的痛楚作用在婴儿的心灵上，或者是用令人愉快的感情、强有力的魅力对婴儿的心灵进行安抚。如果母亲在这一方面是深思熟虑的，那么她就能够让孩子避免许多痛苦的感觉，这种痛苦虽然不会让孩子时时触景生情，但却会在孩子心灵中自然地投下阴影，而且还会让孩子对这种痛苦逐渐变得淡漠。对这种心灵的痛苦进行提防，不只是做母亲的兴致，还是她的责任所在。

然而如果她只是去激励、去强化这种感情并不够，她还一定要让这种感情得到升华。

她自己的种种善意，还有她孩子的倾向和性情可能已经得到了激励，不过她不应该获得了这一成功就满足了，她还应该牢记，教育并非一个机械的、一成不变的过程，而是一个一点点变化、增进的工作。面对目前的成功，她不应该变得故步自封，不思进取。她不应该因为可能会遭遇的种种困难而抑制自己的热情，不再进行努力。她应该始终将教育的最终目标牢记心中；她应该永远欣然投身于作为一个母亲所立志推进的事业——升华人的道德天性。

母亲与儿童道德的发展

只要母亲习惯了让自己接受我之前阐述过关于孩子的爱和信赖的观点，那么在他眼中，她的一切义务就都被赋予了一种新的意义。

教育不再被她视为那种对她而言，总是联系上大量的努力和困难的任务，而是将其视为这样一种工作：自己可以驾轻就熟地进行处置，并且在很大程度上说要获得成功都取决于她自己的工作。她不再将为孩子所做的种种努力视为无关痛痒的事，或者最多是方便别人的事，而是视为一项不仅神圣而且重要的职责。她将确信，教育意味着一系列的告诫和矫正、惩罚和奖赏、指示和命令，并且在统一的目标和认真实施的条件都不具备的情况下，将它们掺和在一起；她也将确信，教育应该提出一套连贯的措施，这套措施都源自同一个原则——对我们永恒的天性法则有所了解；按照同一个精神实施，这个精神就是慈爱而严格的精神，并实现同一个目的——提高人的素质，成为具有真正尊严的精神人类。

但是，母亲能不能精神上升华她孩子正在显露的才能和正在增长的感情呢？那些动物天性优势造成的前进中的障碍，她能不能克服呢？

母亲的最崇高和最可靠的标准，要看她是否真正成功地让她的孩子对自我克制的练习形成习惯。

在那些能够由明智的教育来培养的所有道德习惯里，自我克制的习惯是最难以获得的，而这种习惯一旦养成，它就是最有好处的……

母亲在培养她的孩子形成这种习惯的最初尝试中，可能感到的最大困难并不是婴儿的执拗，而是她自己的软弱。

如果她自己无法让自己的舒适和自己的爱好服从于母爱，那么她绝对不能指望孩子会为了她而养成自我克制的习惯。如果她自己都不具备饱满的道德情感，她就无法激起别人的道德情感。要让别人钟爱任何美德，她自己一定要乐意接受自己的责任。如果她把自己仅仅看作是令人敬畏的女神——举止端庄，道貌岸然，表情严肃，望而生畏——那么她将永远都无法赢得孩子的心，因为孩子的心不会对权威屈从，而是作为对慈爱的慷慨礼物来奉献的。

但是，如果母亲自己已经在早年的教育中，或者在生活的阅历里经受过自我克制的磨炼；如果她已经在自己的心灵中培育起了能动的仁慈原则；如果她不只是从字面上，还从实践当中意识到了什么是顺从，那么她的雄辩、她那表现了母爱的脸色、她的榜样都可能是具备说服力的，而且婴儿在未来的日子里也一定会难以忘怀，并会以一种有道德的生活来为之增光添彩。

第十三篇
早期的智力和道德活动

儿童日益增长的自主性

随着时间的推移，儿童不仅每天都在运用并不断增强他的身体能力，而且开始有了智力方面和道德方面的自主性的意识。

好奇心

观察和记忆距离思考只有一步之遥。虽然它们还并非尽善尽美，不过我们经常能够在婴儿早期的心智运用中发现这种活动。儿童在好奇心这个强有力的刺激激励下进行思考。如果取得了成功，或者为别人所鼓励，儿童将可以养成善于思考的习惯。

如果我们要去寻找形成这种思考习惯的原因——这样穷根究底通常都会遭到非议，那么我们就会发现，对这种思维活动的最开始的尝试，通常都缺乏明智的鼓励。

儿童的疑问

儿童是令人烦恼的：他们对自己的提问不负责任；他们不

断地追问他们还无法理解的东西；他们常常言不由衷；他们应该学会缄口不言。

人们总是持有这种观点，于是就千方百计地对儿童提出恼人的穷根究底的发问进行阻止。

我当然认为不纵容他们养成提无聊问题的习惯也是对的。他们那么多问题，的确只是一种幼稚好奇心的反应。如果不是这样反倒会让人惊讶，所以他们得到的回答就应该是更为明智的。

你了解我的观点的，即只要婴儿达到一定的年龄，他周围的所有事物都能够成为激发思维活动的工具。我提出的那些原则，还有我向母亲们指出的那些做法，你也都非常清楚。那些按照我的方案，或者自己制订了类似计划的母亲们，经常将非常幼小的孩子身上那处在沉睡中的思维能力唤醒，你往往对这种成功感到惊讶。那些为孩子们制定的原则，她们全神贯注地遵循，那些不显眼的做法，她们始终如一地执行。这些事实已经让你确信，有了一个类似的计划，不仅一个母亲能轻松地教育几个孩子，而且一个教师也能够顺利地管理很多十分幼小的儿童。不过，现在我不想讨论那些可能最适合发展思维能力的方法。我只是想指明一个事实，即思维能力可以在婴儿的头脑中萌芽。虽然很多人都忽视了这一点，或者甚至被引入歧途，但是持续的智力活动，一定会迟早让儿童在许多方面产生智力上的自主性。

婴儿对别人产生看法

不过，涉及内心感情的阶段是最重要的阶段。

　　婴儿很快就会通过一些动作和他的所有行为，来表现出他愿意和某人相处，或者对某人比较反感，或者准确地说，是惧怕某人。

　　在这方面，习惯和环境的作用很大，但是我认为，一个可以被普遍观察到的现象是，那些婴儿总能见到的以及和他的母亲关系亲密的人们的眼光和关注，总是婴儿非常容易习惯的。

　　这样的印象不会在儿童身上消失，母亲的朋友很快就成为婴儿的朋友。一种善意的气氛与他自己的天性不谋而合。他不知不觉地就对那种气氛习惯了，他那明亮快乐的眼神、安宁的笑容表明他喜欢这种气氛。

　　就这样，婴儿学会了去爱那些母亲喜欢的人，同时他学会了去信任那些母亲信任的人。

　　这种情况会持续一段时间，不过随着儿童观察得越多，他人行为带来的影响就越明显。

　　因此，哪怕一个陌生人，一个他的母亲并不熟悉的人，只要通过一定形式的行为举止，也会为婴儿所爱，所信任。要想获得他们的爱和信任，首先要做到的是始终如一的日常行为举止。婴儿不会对最微小的反常视而不见，比如偏离事情的真相，有些婴儿还对这种反常十分讨厌。这一现象看起来难以置信，然而它是绝对真实的。

　　同样的道理，一旦纵容了婴儿的坏脾气，就很容易失去他们的爱，这时即便靠哄，也无法重新赢得他们的爱了。这的确是一个令人惊讶的事实，它也可以作为下面这个说法的证明：儿童的身上存在一种纯洁的真理观和正义观，以抵御产生于人类本性的弱点、随时可能让人们陷入谬误和堕落的诱惑。

　　就这样儿童开始自己进行判断，不只是判断事物，还判断人；他知道了品质的概念，在道德方面，他开始变得越来越有主见。

第十四篇
教育与生活

儿童有权发展他的所有才能

……我们一定要牢记，适应生活，而不是圆满地完成学业，才是教育的终极目标；培养自主的行为，而不是养成盲目服从和规定的勤奋习惯。我们一定要牢记，一个学生无论他是哪个社会阶级的，无论他准备从事哪种职业，对于所有人来说，人类天性中具有的某些才能都是一样的，一个人基本能力的主干就是由这些才能构成的。我们并没有限制任何人发展他所有才能的机会的权利。给予他们中的一些人特别的关注，同时放弃将另一些人培养到高度完美的程度，这样的做法也许是明智的。才华禀赋还有爱好、理想和追求的千差万别，充分地证明了因人而异是必不可少的。不过我要重申一点，我们没有阻止儿童发展某些才能的权利，这些才能对他们未来的职业或生活地位来说可能是至关重要的，只是我们现在还没有发现。

谁不了解人生沉浮？谁不了解之前不屑一顾的东西却被赋予很高的价值，之前瞧不起所以没有做的事，时过境迁之后却后悔不迭？谁不迟早经历人生的乐事，由于他的指点和帮助可以使其他人得到益处，而彼时彼地如果没有他的干预，他们肯定不会得到这种益处？谁不会至少在理论上承认——如果在实践上他是一窍不通的话——人所能得到的最大满足是意识到才华卓越能够让自己有所作为？

但是，即便是所有这些都不值得注意，即使根据一些众所周知的事实和片面的经验所得出的推论来证明，对于大部分人来说，其泛泛之学已足敷其用了，但我还是觉得在很大程度上，我们的教育制度都是在这种很不方便的境况下进行运转的，它们提出了各种不一样的训练，但却没有赋予它们应有的比例。

关于这一问题，唯一正确的见解应该是从对人类天性及其所有才能的研究出发……

所以，教育不是单纯考虑应该传授给儿童一些什么，而是首先要考虑，儿童已经具有了哪些东西，即使不能将这些东西视为已经发展了的才能，至少也可以视为一种可以发展的天赋才能。或者如果不用这些抽象的辞令，我们只要还知道，是伟大的生命创造者让人拥有并使用先天的禀赋，那么教育就不只是确定什么是儿童，还要对儿童适宜做什么进行探讨，作为一个负有责任的生命，他的命运是怎样的？作为一个理性的道德的人，他具备哪些才能？

这些问题的答案一定是简明而又全面的。它一定是要囊括整个人类，一定是要部分出生的国家或地区，适用于所有的人。首先，它一定在"人"这个词的所有意义上承认人的权利。它必须揭示这些权利远不是局限在那些人们常常通过成功的斗争而获得保证的身外之利，而是包含了一种更加高级的特权，这种特权的本质还没有为大众所了解，并获得客观的评价。这些特权包括一切阶级对于精心地发展才能，全面地普及有用的知识，以及在身体、智力和道德方面人的一切才能受到明智的对待的正当要求。

如果人已经丧失了理智，或者他的头脑没有储存知识，或者他忽视了自己的判断力，更重要的是如果他没有作为一个道德的人，是具有各种权利和义务的意识，那么这时如果和他谈论自由，那只能是白费力气。

体育体操

根据正确的教育原理，如果要发展人的全部才能，要发挥他的全部潜在能力，那么就一定要将母亲们早期的注意力引导到一个通常被认为既不需要什么思考，也不需要什么经验，所以往往被忽视了的科目上。我指的是儿童的体育。

我认为，体操的复兴，是这个方面业已实现的一步，也是最重要的一步。体操艺术的最大价值并非进行某种运动所必需的敏捷，也不是它们能让人们具备从事某些对力量和灵巧有要求的工作的资格，当然绝对不应该藐视这方面的成就。不过开展这些运动最大的好处，是可以从这些运动的安排中观察到的自然进展，从容易开展的运动开始，以此为基础，接着进行更为复杂、难度更高的运动。可能还没有哪种艺术能够这样清晰地表明，只有通过练习，那些看来好像是缺乏的能力才能得以产生，或者至少是能够得以发展。这一点也许为那些教授无论哪门学科的人，还有那些在指导学生达到他们期望的水平时遭遇了种种困难的人提供了一条价值极高的启示。他们可以按照一个全新的计划，重新开始他们的工作，在这个计划中重新安排各种活动，设计科目采用从易到难、自然进展的方式。如果完全没有禀赋才能的话，那么在我看来，它是无法由任何教育制度来授予的。但是经验已经告诉我，应该去研究那些绝对没有任何天赋才能的情况，不过这是极为少见的情况。在大多数的情况下，我已满意地发现了某种并没有获得发展就被彻底抛弃了的才能，各种各样的运动，没有获得发挥就受到了挫折，这些运动或者旨在让问题复杂化，或者旨在对才能的进一步发挥形成阻碍。

这里我要提醒人们注意一种十分普遍的偏见，和体操的作用有关的，人们通常以为体操对那些身体非常强壮的人非常有用，而对那些体质较弱的人来说是不合适的，甚至是有危险的。

矫正体操

我现在可以稍微冒昧地说一句，这种偏见，完全是因为对体操基本原理的误解。运动不仅会因人的体力强度而异，而且也可以并且也已经专门为那些拖着病体的人设计体操运动了。我已经请教了一些优秀的医学权威，他们认为，他们亲自观察的一些病例里面，一些肺部患有疾病的人，只要不是病得特别重的那种，经常进行少量的、专为他们设计的简易体操运动，病情都得到了缓解，体质还得到了增强。

正是因为这个，可以为各种年龄、各种体力强度的人——无论他怎样虚弱——设计体操运动。我认为一定要让母亲们自己熟悉体操的原理，好让她们可以在那些初级的、预备性的运动中，根据实际情况，选择出那些最适合、对她们孩子最有益的运动。

我的意思并不是母亲们一定要严格坚持那些她们可以看到的、由某一本体操著作所指出的运动，她们当然能够按照自己的想法进行改变，不过我要提醒母亲，在决定对原来计划的行动方案进行改变之前，或者采用其他一些运动——她们自己既无法估计这些运动需要多大的体力，也无法估计她们的孩子会从中得到哪些益处——之前，不妨先去请教一下那些在安排儿童体操方面经验丰富的人。

体操和道德训练

如果体操运动对身体的好处是巨大而又毋庸置疑的，那么在我看来，体操在道德方面带来的好处一样非常有价值。我可以再一次求助于你自己的观察。你已经看过德国和瑞士的一些学校，体操运动成为这些学校的主要特色之一。在我们之前谈论这个话题时，我还记得你曾说过，你的说法也和我自己的经验相吻合。你这样说，如果体操训练得当，那么在促进儿童的欢乐和健康方面是非常有帮助的，而欢乐和健康正是道德教育两个非常重要的目的，此外还帮助他们培养一定的团体精神、兄弟般的感情——这是最让旁观者感到满意的。坦诚的性格、勤奋的习惯、勇敢的秉性、吃苦耐劳的精神，等等，也都是根据体操体系进行及早而持久的锻炼的常见的必然结果。

视觉和听觉训练

体育绝对不应该局限在现在用"体操"这个名字来命名的那些运动里。这些运动通常都是活动了四肢，所以体质得以增强，技巧得到了锻炼；但是，还应该设计专门训练所有感官的运动。

最初开始，这一观点也许是多余的讲究，或者是自由发展的没有必要的障碍。确实，即使没有这种专门的训练，我们的感官也在充分地发挥自己的作用。不过问题的关键不在于这些运动是否是必要的，而在于在很多情况下，能不能证明是管用的。

感觉辨别力的训练

在我们当中，在不借助任何帮助的情况下，有多少人的眼睛可以正确地判断出不同物体之间的距离或者它们的大小比例？不通过相互比较，有多少人能够看出来色彩的细微差别？有多少人的耳朵能够听出最细微的声音变化？如果去调查，人们会发现，那些可以做到这一点并且还做得相当好的人，他们的才能要么来自某些天赋，要么来自不断的勤奋练习。显然，这些成就里的某种优势是，不需要一点努力的天赋，它们是不可能通过教育来授予的，不管你怎样着力培养。然而，即使锻炼不能解决一切问题，但至少能够起很大的作用；锻炼开始得越早，成功就越容易、越完满。

这一类正规的运动体系现在依然是迫切需要的。但是，母亲要在她孩子的娱乐之中引入大量的运动，好让视觉与听觉获得发展和改善，这并不困难。因为将每种那样的锻炼视为娱乐，而非别的东西来对待，这样的做法是可取的。锻炼时，一定要给予儿童极大的自由，而且锻炼从头到尾都应该是轻松愉快的，否则所有这些锻炼就将会是单调、迂腐而荒诞的，和体操本身一样。

美学方面的早期训练

尽早将这些运动和别的训练联系在一起，培养欣赏力，这一点是非常不错的。健全的欣赏力和健全的感觉的关系十分密切，互相促进，不过现在，这一点看起来还没有获得充分的理解。虽然古人曾经说过，"学习那些适合自由心灵的艺术，能够陶冶性格，去掉粗俗举止"。但是直到现在，能够做到让所有的人，或者哪怕是大部分人自由地得到那种享受和成就的几乎没有。如果他们给出的理由是在满足首要而紧迫的需求上花费了大量的时间，所以就没有大量的精力来追求次要的、华而不实的东西了，那么这个理由仍然不能成为正当的理由，无法说明为什么他们除了平常工作的操劳之外，完全没有任何其他的追求。

就像我在穷人中已经观察到的那样，母亲传播了一种精神力量到她们的周围，即无声而开朗的愉悦，在她的孩子中间有一种健康的感情源泉在涌动，还树立了消除一切能够损伤欣赏力的因素的榜样——当然，是在另一个天地里生活过的过来人的榜样，而不是说长道短的局外人的榜样。看到这一切，我就知道了，不会有比这更让人满意的场景了。很难详述达到这一步运用了哪些手段，但是我曾在那种几乎没有可能性的情况下看到过这种景象。我对这一点是确信不疑的，即想获得这种结果，只能通过真正的母爱精神。那种感情可以得到升华，达到人性中最美好的情感的高度，对这一点，我怎样反复论述都不为过。将这种感情紧密地结合和快乐的本性，就能引导人们远离暮气沉沉，远离松懈懒惰，就像和人为的雕饰两不相容一样。如果通过不断的提防来进行维持的话，刻意雕饰和苛刻的指责可能也会产生作用，但是会失却自然，也会失却真实。即使是那些不期而至的参观者，面对一种和同情的气氛不相容的管束，也会觉得压抑。

音乐

　　现在我既然谈到了这个话题，就要利用这个机会，好好说一下对道德教育最有帮助的一个问题，我说的是音乐，你知道的。另外，我关于这个科目的观点你不仅是熟悉，还已经在我们的学校中看到了我们曾经取得的十分满意的结果。纳格里，我那位杰出的朋友运用他那相当出色的欣赏力和判断力，将艺术的最高原理简化为最简单的要素。他的努力已经让我们可以引导自己的孩子达到了一种水平，而如果是按照其他的计划进行，肯定要耗费大量的时间和精力才能达到这个水平。

民族歌曲

　　不过，它并非我将要作为教育的理想成就进行描述的那种水平，它其实是对陶冶感情影响最为显著的音乐。我总觉得，而且还总能看见，它能够最有效地调谐、陶冶心灵，让其接受最美好的印象熏陶。那美妙的和声、精彩的表演还有审慎而优雅的演奏，的确能够给鉴赏家巨大的满足感，但是简朴而自然的曲调才能够将每个人的心弦拨动。自远古以来，我们自己民族的歌曲始终在我们家乡的山谷里回荡，融入了我们历史的最辉煌的篇章和最亲切的民族生活的景象。不过音乐在教育方面的作用，不只是用来保持生气勃勃的民族感情，它可以发挥更为深刻的作用。如果能够做到以正确的精神给予这方面的培养，它会对一切邪恶或狭隘情感的根基展开冲击：一切贪利或吝啬、一切非人性的情感的根基。我可以引用一个权威的话来说明这一点，这位权威是值得我们重视的，因为他品德高尚、才华横溢，获得了人们的广泛赞誉。众所周知，要说雄辩、热心地宣扬音乐的作用，没有哪个人可以和尊敬的路德相比。不过尽管他的主张广为人知，在我们中间也赢得了尊重，但是经验依然响亮地、无可辩驳地证明了他最早坚持的那项主张具有的真理性。经验早已证明，如果将强有力的心灵陶冶方法能够给予的帮助摒弃，那么这样一个以同情原则为基础建立的体系，将是不完善的。音乐在一些家庭和学校里构成了一种快乐而高雅的气氛，这种气氛是这样的重要，所以是要尽力保持的，这些学校和家庭始终表现出自然、充满道德情感而又喜气洋洋的景象。因此，音乐艺术拥有较高的内在价值是毋庸置疑的，只有在道德空虚或野蛮的时代，音乐才会被贬低，沦落到无人问津、斯文扫地的地步。

音乐能够产生并促进那种可以经陶冶而形成的人的最高级的情操，这种重要性我没有再提醒你的必要了。路德发现的这条真理，几乎已经是世所公认的了。他认为，音乐没有人为的铺陈，也没有华而不实，呈现出的只有庄严而感人的质朴，提高和净化真正的奉献情感，音乐是几种最为有效的手段之一。

我们曾经多次讨论这个话题，曾经总为怎么样说明你们自己国家的情况而感到困惑，虽然音乐的作用同样已经获得了普遍的承认，但是音乐还是没有成为普通教育里面比较显著的特色。这一见解看来仿佛是流行的，但是要实施起来，并不容易，需要有更多的努力、更多的时间，才能将其影响拓展到民众教育里去。

就像我有自己能感染你的把握一样，目前我有同样的信心，可以将任何一个来访者感染，无论他对我们的教养所获得的技艺，以及获得的成功是不是产生了感触。其实，在全瑞士几乎没有一所乡村学校，在全德国或普鲁士，可能也没有一所这样的学校。在那里，不是为了让学生学到起码的音乐知识而根据新的、更合适的计划进行某种工作。

这是一个很容易观察到的事实，也是一个无法辩驳的事实。最后，我用我们长期共同抱有的希望来将这封信结束，即只要改进是以事实为基础的，并已经得到了经验的证实，那么一个在提倡或实行改进方面从不落后的国家就不会将这个事实忽略。

绘画

在上面的两封信中谈到的教育学科里，我觉得还应该在音乐基础知识上加上绘画要素。

经验告诉我们，儿童各种才能的最初表现形式，都是向往，并试着进行模仿。这就可以对语言习得的原因进行解释，可以对为什么最初模仿音乐发出的声音是不完美的进行解释，大部分儿童在他们听到喜欢的音乐时，都会出现这种情况。这两方面的进步，由儿童对他周围事物倾注的注意力的大小和他们感觉的灵敏性所决定。这条原则不仅对听觉和语言器官适用，对视觉和手的使用同样也是适用的。儿童如果对摆在自己眼前的物体表现出了好奇心，就会立刻开始运用他们的智力和技能进行仿制。大多数儿童会通过模仿建筑物，模仿任何一件他们拿得到的东西，来想办法建造某种东西。

对他们而言，这种欲望是天生的，不应该被忽视。和一切才能一样，绘画可以有序地发展。所以，最好向儿童提供一些对他们这些最初的尝试能够起到促进作用的玩具，并且要随时地帮助他们。鼓励都会对他们起作用的，如果它可以将天真的欢乐激发出来，还能够进行引导，引导到有益的工作上去，那么就不应该停止。要避免让他们每日每时单调地重复那些小玩意儿，要让他们的微不足道的娱乐丰富多彩起来，玩耍只要能够引起他们的兴趣，就会激发他们的智慧，提高他们的观察力。

只要他们进行了这种尝试，那么要想实现这个目的，基本绘画练习就是再好不过的方式了。一些预备性绘画练习的过程你已经看见了，我的一些朋友通过这些练习，成功地促进了相当年幼的儿童实现这些目标。指望他们一开始就能将任何摆在他们面前的物体全貌画出来，这样的要求是不近情理的。他们一定要将构成这一物体的各个局部和元素进行分解。他们每次完成这种尝试，都会取得惊人的进步，只有孩子们追求他们所喜欢的事情所带来的欢乐才能与之相比……

尽早开展绘画练习所能带来的一般好处是有目共睹的。人们都清楚，那些对这门艺术非常熟悉的人差不多在观察任何物体时，都会使用那种与众不同的眼光。例如，一个习惯对植物的结构进行仔细观察并精通植物学体系的人，可以发现一朵花的大量显著特征，而一个不熟悉植物科学的人根本不会注意这些特征。正是因为同样的道理，一个有绘画的习惯、特别是有临摹大自然习惯的人，即使在日常生活当中，也能够很容易就发现不少通常被忽略的情况。甚至对某些物体，他即便没有观察得很细微，也可以形成一种相对比较正确的印象，而对于一个从来没有学过怎样带着描绘观察对象类似物的意图，去看待自己看见的所有事物的人来说，这一点他们是望尘莫及的。观察物体的整体精确形状，还有各部分的比例，是绘制一幅像样的略图所必不可少的，应该将这种观察转变为习惯，并在许多情况下让其富有更多的教育和娱乐意义。

想要获得这种习惯，就不能让儿童仅限于临摹别的图画，正确的做法是让他们去临摹大自然，这不仅是特别重要的，还是必不可少的。和仿制品比起来，物体本身提供的印象看起来会更加生动、更加醒目。让儿童尝试着去对他周围的东西进行描绘，对他感兴趣的东西进行描绘，以此来训练他的技能，这和他们费力地对那些本身也是临摹的东西进行临摹相比，儿童能够得到的乐趣更多，因为临摹来的东西看起来没什么生气，也很难引起儿童的兴趣。

同样，就其对表现每一个物体的作用来说，把实物直接摆在眼前，不管是讲光线和阴影方面的重要问题，还是讲透视基本原理方面的重要问题，都是更容易的。有一点需要注意的是，我们提供的帮助，不应该扩展到具体的一笔一画怎样进行上。有些东西的解决，需要发挥才能，有些则需要用耐心和毅力。在经过一些无效的尝试后得到的教益是很难忘记的，它让人们在进行新的尝试中获得的满足感和动力更多，同时为最终的成功而感到高兴，由此走出先前的失望，重新鼓起热情。

绘画练习之后，可以用唾手可得的材料来进行模型制作的练习，这些练习一般可以产生更多的乐趣。即使不具备专门的手工操作才能，对多数人来说，可以制作某样东西所带来的欢乐至少也是能够振奋精神的了；如果按照基于自然的原则来学习绘画和模型制作，那么它们对学生今后学习其他学科，也都是非常有用的。

关于别的学科，在这里我只谈两个——几何学和地理学。我们已经通过借助这种预备性的练习，引入了几何学的教程，因为这些练习可以体现各种复合体的分解方式，这些复合体由形状的各种要素组合而成，所有图案或曲线图都是由它们构成的。那些受过这方面训练的学童早已经熟悉了这些要素，他们清楚看待一个物体，要将其分解为最基本的成分，还要把它们分别画出来。当然，这个学生不会对将要学习的各个复合体，还有构成各部分的材料一点都不知道。比如，一个总能遇到一个正方形或圆形，而且对这类图形的构成已经很熟悉的人，一定会很容易地理解了这些图形的性质。另外还有立体几何学说，如果没有示意图型，那么想达到令人满意的掌握程度基本是不可能的。但是，如果学生对这种模型构造稍微有一些观念，如果他们至少可以设计出那些构造不怎么复杂的模型，那么他们对立体几何学说的理解就会更好，留下的印象也会更加深刻。

在地理学方面，是每一所学校都不能忽视粗略地图的绘制训练。通过这种训练，可以最精确地理解比例范围，知道各个国家的大概位置，它能够传达的概念比任何描述都要清楚，还能够在记忆中留下最深刻的印象。

第十五篇
对母亲的教育

　　我推荐的那些训练课程，我估计将会引起异议。我一定要先回应这个异议，然后再继续讨论智育。

　　即便这些练习正如所说的那样是有价值的，即便我们可以满意地看到某些要传播的知识在社会各个阶级中获得了广泛的传播，然而还是能够提出这样的问题：我们可以指望这些练习在哪些地方、以什么样的方式，在上层社会以外的那些阶层里获得普及？你会在那里发现，如果母亲们想做的话，她们就有担负起指导孩子开展这种练习的工作的能力。不过考虑到现在的情形，想要在民众里找到可以胜任指导她们的孩子训练的母亲，这难道不是一种幻想吗？

　　对于这种异议，我的回应是，首先，用现在的情况来反对将来的事情，通常都是不合理的。就像我们现在面临的情况一样，不管在什么时候，只要能够证明现在的情形是不完善的，但是又是可以进行改进的，那么任何一个人类的朋友都会对我的意见表示赞同，认为这种观点是无法接受的。

　　这种观点是无法接受的，因为它和经验相反。历史的篇章在告诉一个善于思考的观察者，在一系列偏见的影响下，人类挣扎着前行，将偏见的锁链一个接一个地冲断。

历史上最有趣的事件，无非是完善那些过去觉得是不可能的事情。限定才智的改进是没有用的，要限制仁慈的努力更是枉费心机。

这样说，这样的结论是无法接受的。历史已经给出了直接的证明。大量的重要事实对我们的要求和希望给予了直接的支持。两千多年前的那些最明智、最活跃的博爱主义者们，是无法预见智育领域里发生的这些变化的，他们无法预见到那些工具。这些工具不只是促进了少数人的研究，还将这些研究的实用成果，速度惊人地传递给了世界最边缘国家的成千上万的人们。那些最辉煌的发明他们无法预见，这种发明将愚昧和迷信从它们盘踞的堡垒赶了出来，利用最广泛和最有效的途径传播着知识和真理。他们无法预见到，甚至在那些过去命中注定要盲目信仰、被动服从的人们中间，也会唤起探究精神。

知识的传播

确实，如果有一种特征，通过它可以表明现在的时代有重新获得元气的希望，治愈那些受难民族所遭受的创伤，那么它就是——我们见到各个方面正在进行的种种努力，其范围空前广泛，为的是人们获得智力独立性的那一部分提供热情的帮助，而如果不具备这种智力上的独立性，就无法获得真正的人格尊严，人的责任也无法充分地履行。看到一部分人会注定随知识发展而发展，这一景象让人对前景充满了信心。几乎在一切领域，才华出众的人已经为那些缺乏时间或才能在基础知识中耕耘，或者无法跟上科学的高精发展的人采集了花朵、收割了果实；与此同时，还有一个更为切实的目标，那就是让初级阶段变得容易，打好基础，确保可以缓慢但稳健地朝前发展。在现实中，这一点最合适地适应了人类的理智天性，也最适合人类理智才能的发展——人们追求这种目标，始终是有兴趣、有热情的，甚至我在邻近的那些地方看到的种种结果，也充分表明人们是不会放弃这种追求的，眼下离最后的成功已经为期不远了。

缺乏母爱是不行的

这是一种令人兴奋的前景。但是，我亲爱的朋友，这种前景并非我一生希望的寄托。我的寄托并非知识的传播，无论是按照传统的办法，在学校里面吝啬地施舍，还是按照新的原则，在各种教育机构里慷慨地传授，要么是服从于考试，要么为了改善成年人而将知识公开化——这一代人，或者说任何一代人的幸福都没有被我仅仅寄托在知识的传播上。不，除非我们成功地提供一种新的动力，可以将家庭教育的作用提高；除非道德和宗教情感可以用来提高同情气氛，并在那儿传播开来；除非在早期教育中，让母爱比任何别的动力都用得更多；除非母亲能同意，甚至是乐意地听从自己真实情感的召唤，而不是仅凭自己的一时高兴，或者不假思索的习惯；除非她们同意做母亲，并真正地发挥母亲的作用——除非上面说的这些情况成为教育的特点，否则我们的一切希望和努力，最终都只能以失望宣告结束。

家庭生活是真正的教育中心

　　那些实际上已经彻底地曲解了我和我的朋友们的计划的所有真意的人，他们推测在我们为民众教育所做的种种努力中，现在还没有考虑到一个比教学制度的改进或者可以说是对智力训练的完善更加高尚的目标。我们始终忙着改良学校的工作，因为在我们看来，发展教育，学校非常重要，但是围在炉子旁边比学校还要更为重要。我们已经竭尽所能，设法教育孩子们长大成为教师，我们有充足的理由对凭借这一计划得到了实惠的学校表示祝贺。不过我们也认识到，我们自己的学校和每一所学校的首要责任，也可以说是最重要的特色，是在那些委托我们照管的学生中发展那些感情，用那部分知识来武装他们的头脑，在以后的生活中，这些感情和知识能够让他们一心一意地、孜孜不倦地将他们的一切能力，用在那些应该在家庭范围内流行的纯真精神的传播上。总而言之，谁要是想对年轻一代的幸福表示深切地关心，那么就应该把对母亲的教育视为他的最高目标，仅此而已，别无他途。

第十六篇
母亲对儿童教育的重要意义

　　允许我再重申一次，我们不能指望在教育方面获得一点点真正的改进，这种改进应该始终被认为是范围广阔的改进，应该随着时间的推移而持续地扩展，随着它的展开而越来越强——除非我们从教育母亲入手，否则我们永远都不能指望获得那种性质的改进。

　　在家庭圈子里做那些学校教育不能实现的事情，这是母亲们的责任：用那种在学校中全神贯注地管理所有学生的态度来对每一个孩子表示关心；当心可以作出最好的判断时，就让她们用心来说话；用慈爱来赢得那些权威永远都不能赢得的东西。

　　但是，充分地挖掘自己所有知识储备，并让她们的孩子从中获益，这同样是她们的责任。

　　我明白在现在的情况下，很多母亲自己会声称，或者会被他人视为是无法胜任这类尝试的；因为她们不仅在知识上如此贫乏，而且没有传授知识的实践经验，所以对她们来说，承担起这样一个任务，看起来是异想天开、徒劳无益的。

　　那么，这就是我决意要就经验所涉及的范围来予以否定的事实。我现在所说的，不是那些他们在教育上就算不是非常勤奋，然而至少或多或少受到了关注的阶级和个人。我现在考虑的是其教育在这种或那种环境中都被彻底忽视了的母亲。我设想一个对阅读和书写一窍不通的人，虽然还没有这样的国家还没有——那儿的学校会处于这种状态，也就是你会遇见一个对阅读和书写完全不懂的人。我要进一步表明，这是一位年轻而缺乏经验的母亲。现在，我敢冒昧地说，这个贫穷而无知的、这个年轻而又没有经验的母亲，即使在儿童智力发展这方面，也并不是一点提供帮助的办法都没有。

她教给孩子各种物体的名称

无论她储存的经验多么贫乏，无论她自己的才能多么平庸，但是她一定是知道很多她熟悉的事实——我们可以说这些事实存在于日常生活当中——但对她的婴儿来说，这些事实还是陌生的。她一定很清楚，迅速了解其中某些事物，比如指出哪些可能会接触到的事物，对于婴儿而言很有价值。她一定能够意识到，自己只要这样：将物体摆在孩子眼前，说出它们的名称，并让孩子跟着自己一起说，就可以让孩子很容易就掌握了各种各样物体的名称。她一定会感到自己可以按照一种自然的秩序，将物体展示给孩子，比如，一个果实的各个组成部分。不要让人们因为这些东西微不足道而对它们是藐视的态度。有的时候，我们甚至对和这些东西有关的最起码的常识，也是一点都不知道的。因此我们要对那些将这些微不足道的东西教给我们的人们表示感谢。

她和孩子谈家庭周围的环境

不过我的意思并非母亲到这里就可以停下脚步了。甚至那些我们刚提起的那种母亲，那种完全没有知识又缺乏经验的母亲，也是可以更进一步作为的，可以传授给孩子更多的、各种各样的确有用的知识。她将那些最早摆在儿童眼前的物体都说完以后，在儿童已经掌握了它的名字，并可以区分每个物体的各个组成部分后，她或许还能想起来，这些物体中的任何一个，都是还有东西可讲的。她能够发现，自己可以向孩子描述这些物体的大小、颜色、形状，外表的软硬，碰击时的声音，诸如此类。她现在已经有了实质性的进步，在她的引导下，儿童已经从只是了解物体的名称，进展到了认识了这些物体的性质和性能。她接着描述和比较不一样的物体的这些性质，以及属于这些物体的性质的大小程度，对她而言，这就是最自然的了。如果说之前的练习适合记忆力的培养，那么这些练习则是比较适合观察力和判断力的形成。她还能够有更进一步的作为：她可以将有关物体的原理和事实的原因告诉她的孩子，她可以将各种物体的起源、存在、持续过程以及终结告诉孩子。每天每时每刻发生的事情，都可以用来作为她这种教学的材料。它的作用很明显；它教育儿童探索事物的原因，让他养成思考事情结果的习惯。将来在别的场合有机会，我来探讨一下道德和宗教教学的问题。一句话概括，在这里我只想指出，上面提到的那类练习，它们几乎是能够无穷无尽地变化和扩展，那些习以为常的事情，都可以被它当作阐述有关学科真理的最简单的实例。它能够让儿童去思考行为的后果；它能够让人的头脑变得擅长思考。

所以，我不清楚还有哪一种动机比母亲竭尽全力地让她孩子的智力、体力和道德发展的愿望能够让那些艰辛的努力变得更加有趣。无论她的方法怎样有所局限，或者最初她的成就怎样有限，有一种东西将会，而且是一定会让她欲罢不能，它会刺激着她去进行新的努力，最终这些努力将会取得成果，这些成果越让人满意，也就越不好获得。

经验已经告诉我们，那些处在我前面说过的、从表面上看似乎是处在绝望境地的母亲们，已经获得了她们意想不到的成就。在我看来这是一个新的证据，可以说明这样一个事实：对母爱来说，没有什么事情是困难的。我坚信，母爱是热烈而不知疲倦的，同样地因为母爱受到了力量的鼓舞、为信仰所升华——我坚信母爱一样能够在努力中获得增强，并找到继续走下去的方法，即使是在表面上最没有办法的方面。

就像我上面所揭示的那样，虽然引导儿童的注意力到有用的事物上去这件事决不困难，但是说"对付儿童我实在无能为力"这样的抱怨却随处可见。如果是出自一个没有因为他的特殊情况而受命去从事教育工作的人这种抱怨，那么认为他在别的方面要比他在努力地去做一件他并不喜欢并且又不具备突出的工作方面让自己更有价值，这样的看法是对的。不过这些抱怨决不应该从一位母亲的嘴里说出来。母亲是注定要将自己的注意力放在教育上的。这是她的责任，在她内心里，良知的呼声也会告诉她，这是她的责任。如果没有履行这一责任的资格，也就谈不上责任感，也就谈不上用爱的、自信的、勇敢的精神去承担一种责任。如果那样的话，最终也一定会失败的。

女子教育中品格与知识并重

如果曾经有一位母亲，她自己并没有受过教育，也没有获得任何的帮助，却尽自己的全力为孩子做了非常多的事情，她一定是一位特别称职的母亲！如果对她的能力进行适当的培育，并且由那些早于她从事这项工作的人的经验来指导她施行教育措施，那么她一定会满怀自信地期待着作为母亲而付出的种种努力所带来的成果！

所以，我在上封信中所说的事实不仅没有说明我的观点是值得怀疑的，而是直接证明了它是正确的，而且还具有便利性。那么我现在要重申这一点，并且我要向一切和我一样渴望让我们现在不完善的教育制度得到变革的人，要用最强有力的语言来讲述这一点。假如你真的想用你的时间、你的才能、你的技巧和你的影响来着手进行一项很可能对你同类中的大部分人都有益的事业；假如你不是想着提出一个治标的办法，而是想让那种种弊病得到永久性的治愈——已经有许许多多的人沉沦其中、成千上万的人正身受其害；如果你不想只是构建一座能够凭借壮丽的外观吸引人、能够暂时让你留名但最终会像"空中楼阁"一样消失的建筑物；相反，如果你宁愿选择扎实的改良，并不追求暂时的效益，宁愿选择长远的利益，而不要一鸣惊人的成果，那么你要注意，不要让表面的需求分散了你的注意力，不要让次要的需求吸引了你的注意力，而要马上将你的注意力集中到这个巨大而普遍却又鲜为人知的根源上：它正以无法估算的数量和前所未有的速度产生着善与恶，将你的注意力集中到儿童早期经历的生活方式上来，集中到教育儿童那些被委托或应该被委托照护儿童的那些人上来。

在所有的教育机构中，一个这样的学校的价值是最高的，其教育的重要使命不是单纯地追求一种对各种各样日常生活目的有帮助的方法，在那里，教育应被视为一个本身就应该予以最认真的关注的目标，并让其实现最完美的程度；从这个学校走出来的学生要去做教师，做教育工作者；最重要的是这个学校要使女子的品格自早期岁月起就朝这个方面发展，使之能在早期教育中发挥重要的作用。

想要实现这一点，就要对女子的品格有透彻的理解，并给予充分的肯定，这是非常有必要的。就这个题目来说，除了对一位意识到自己的责任、能履行这些职责的母亲进行观察外，再没有别的令人满意的方法了。在这样一位母亲身上，除了她端正的品德、温文尔雅的举止和坚定的原则外，感情和判断力的令人欣慰的结合更让我们感到钦佩，这构成了她那虽然简单却无差错的行为标准。要让头脑里产生这种令人感到欣慰的结合，对女子教育来说很重要，就像它绝对不是要扭曲判断力或让其带有偏见一样，它也远不是非要将任何约束强加在感情智商上。对女子品格中表现出来的这种显著的感情优势需要得到那些希望将它与智力和意志能力的发展相和谐的人的关注，这种关注应该不只是最明确的，还是最亲切的。

学习知识和对智力的开发应该是不巩固的、不全面的，要不女子品格中的纯真就很容易泯灭，一切真正可亲可爱的品质都有可能随之泯灭，这种假设完全是一种偏见。任何一种事情都取决于学习知识的动机和学习知识所用的精神。让动机达到为了给人类天性带来光彩的境界，让那种精神也达到一样的境界，即让其与一切女子的品格——"不是显露的、炫耀的，而是含蓄的"——的优点并驾齐驱，用谦虚让知识得以巩固，用细腻来避免出现感情用事。

比如，我这里有大量的例子，我可以从里面选出一例来说一说，这些例子并没有因为其鲜为人知而失去关注的价值。我要说的例子，有一位母亲花了很多的时间，想了很多的办法来学习某些学科的知识，在她以前接受的教育里这些知识是不完整的，但是她觉得这些知识将会在自己孩子的教育中体现价值。这已成为一个实例，说明有许多人虽然在很多方面已经取得了一定的成就，但他们还是觉得有种种不足，并想要弥补这些不足，这样做就算不是为了他们自己，至少也是为了他们的子女。

我们从来没有听说母亲对自己为了能最完美地教育那些最接近的和最心爱的人而苦心钻研感到后悔。即使我们无法预期她的愿望将来会有怎样的成就，因为他们在按照她指引的道路前进，她通过这个工作直接获得的欢乐就已经让她心满意足了。

"……为了培育柔嫩的思想，

和教年轻孩子们的意识如何发芽生长。"

在此我认为最有力量的动机是母爱。然而提供种种动机将是早期教育的任务，这些动机甚至在稚雏之龄就可以激起动脑筋的兴趣，这些动机同人类天性中最美好的感情相辅相成。

第十七篇
事物与文字

记忆与理解

如果一位母亲希望积极投身于孩子的智力教育，那么我首要的建议是，她要注意的不只是要考虑向幼儿的头脑传递什么样的知识，还要考虑要用什么样的方式来传递。对于她追求的目标来说，后者的重要性甚至高于前者，因为她想要传授的知识无论多么完美，都得依赖于她传授这种知识的方式，她的这种方式要么让这种知识完全进入对方的头脑，要么依然是没有价值的知识，既不符合儿童的各种能力，又无法激起儿童的兴趣。

在这方面，母亲要可以熟练地识别纯粹的记忆活动与其他脑力活动的不一样之处。

在我看来，我们将大量时间的浪费和不可靠地显示浮浅的知识这种状况的原因，都认定为是缺乏这样的区分，还是很有把握的。在各种学校中，包括程度较低的或程度较高的学校，这种情况都是屡见不鲜的。只根据记住了一些名词术语，就断定已经学会了知识，这完全是一种谬论。即使对方已经正确地理解了这些名词术语，那也只是传授了知识的表达形式。即使已经正确地理解了——这一条件是最为重要的——同时也是普遍为人们所忽视的。只是让学生记住了一些单词，自己不进行充分的解释，也没有要求学生这样，对于那种懒惰而又无知的人来说，这种教学方法无疑是最方便的方法了。此外，再考虑到学生身上存在的一种强有力刺激——虚荣心，有些学生渴望得到表彰赞扬、渴望出人头地，有些学生则担心受罚或害怕被揭短，于是我们就要面对上面说的种种主要的动机。

因为这些动机，即使这是一些不幸的教学方法，但长期以来，它们还是为那些完全不加思考的人所支持，为那些没有进行充分的独立思考的人所容忍。

刚才我所说的记忆训练排斥了编排有序的理解训练，它特别适合那种长期以来教授那些已经废弃了的语言的地方。目前有些地方还在教授那些语言，运用的教学方法是生吞活剥式的，再加上深奥而晦涩的规则和强制性的纪律，从智力发展的角度看，这是一种荒谬的情况，从道德的角度来看则是可憎的，不过究竟哪种评价更为合适，则很不好说。

重要的不是单词，而是事物

如果在认为智力可以获得某些发展的时期，在至少不用这样经常而焦急地去专门关注智力的时期运用这样的方法、开展片面的记忆训练，这样是荒谬的，将会产生有害的结果。在稚雏之龄，他们的智力才刚露端倪，没有形成识别能力，还无法将有差别的各种事物的概念存入记忆，这时要孤立地培养记忆力就更加荒谬了。对一位母亲而言，应当避免这种错误发生，首要的法则是教育永远都要借助事物而非单词进行。除非你打算将物体本身展示给儿童，否则就要尽量少地向儿童说这些物体的名称。如果遵循了这个原则，就可以在回忆由感觉获得的和由物体引起的感觉印象的同时，也将物体的名称记住了。与只是通过道听途说相比，通过摆在我们眼前的事物来获得某种概念，能够更有力地吸引我们的注意力，并且还可以保持得更持久，这是一句古老的格言，也是一句千真万确的真理。

但是，如果母亲要利用事物来教育孩子的话，她还一定要记住，对于概念来说，只是将事物摆在面前还远远不够。一定要解释事物的性质、说明事物的由来、描述它的各个组成部分，将各部分与整体的关系弄清楚，它的用法、作用和结果也需要阐明。所有这些都应该要做到，起码要讲全面、清楚，能让儿童将这个事物和别的事物区分开，并可以说明为什么会有这个区别。

按照这个做法就可以形成概念，并达到尽善尽美的程度。当然这个方案也可以在不一定始终由母亲控制的条件下实施，也可以获得同样的结果。但是，类似上面说的做法是应该且一定要去尝试的。不管在什么地方，教育的目的都是获得更高的品质，而不只是机械地对记忆进行训练。

图片

有些东西无法拿来摆在儿童面前，所以这时就应该使用图片。人们会发现，只要是以图片为基础的教学，都是儿童们喜爱的学科。如果儿童的这种好奇心获得了正确的引导，获得了适度的满足，那么就可以证明，这是一门最有用、最有教益的学科。

无论什么时候，关于一个抽象概念的知识，当然这里指的是任何物体都无法表示的概念，还能够根据同样的原则传授给儿童，即必须通过一个摆在儿童面前的实例作媒介物，利用实例提供那个概念的等价物，以此来将概念本身表现出来。这就是在说概念的原始意义。使用寓言故事，这也和那个绝妙的古老格言不谋而合："口头教诲是一条艰辛而漫长的道路，而榜样则是一条轻松的捷径。"

第十八篇
儿童是自己的教育者

关于幼儿理智的早期发展，我要提供给母亲的第二条法则是：不能只是让儿童被动地受教育，还要让他成为智育中的动因。

儿童的自发活动

我不妨解释一下我的意思：母亲要记住，她的孩子不只具备注意和记忆某些概念或事实的能力，还有不为他人的思想所支配的独立思考能力。让儿童去阅读、书写、听讲以及复述都是有好处的，不过让儿童思考所能获得的好处则是更大的。我们也许可以利用他人的见解；我们也许已经感觉到了解这些见解对我们来说是有价值的、有帮助的；我们也许会从它们的启发中受益。不过，利用我们自己的脑力劳动，利用我们自己探索的成果，依靠和运用这些观点，我们能够将其称为我们自己的智力财富，我们由此可以让自己成为对别人最有价值的人，我们由此具备了社会有用成员所具有的资格。

这里我说的不是那些经常为人们所提起的、可以推动科学进步或对整个社会有益的观点，我说的是那种任何一个人，即使是最质朴的人、处在社会最底层的人都能够获得的智力财富。我说的是这样的一种思考习惯：有了它，任何情况下就都不会再出现不假思索的盲动。思考习惯总是积极地去对让思考的东西加以仔细考虑；这种思考习惯已经将无知的自满或"浅薄的"轻浮克服，能够让一个人谦虚地承认自己知道得实在很少，让他意识到自己懂得的并不算多。经常性的、自觉的思考习惯，应该在幼儿的头脑中形成这种习惯，早期发展这种习惯是最有效的了。

母亲经验性的知识要比哲学指导意义更大

有人觉得幼儿的大脑根本无法进行任何思考，并反对让他们思考。不能让母亲因为这些反对就止步不前，因而造成损失。我可以冒昧地说，这样认为的人，或许是最为渊博的思想家，或许是最伟大的理论家，但是现在可以发现，他们根本不具备一点点这方面的实际知识，对这个问题的调查研究，他们一点道义上的兴趣都没有。而我总是对母亲的经验性的知识无比信赖，母亲因母爱情感的推动而作出的种种努力是它的来源。我对这种经验知识无比信赖，即使是一位文盲母亲的经验知识，也不会相信那些最有才华的哲学家们的理论假设。这样的情况数见不鲜：健全的感觉和富有同情心的心灵比一个十分精明、冷酷而且总在为自己考虑的头脑看得更远。

所以，我要呼吁母亲开始进行这项工作，而完全不用顾忌会有什么样的反对意见出现。她如果能够听从我的劝告开始去做，那就行了；她就会自己继续干下去；她就会从自己的工作中收获愉悦感，乐此不疲。

当她展示出幼儿脑中的瑰宝，将这迄今为止始终沉睡着的思维领域唤醒时，她将不会再去羡慕哲学家们的自信，在哲学家们看来，人的大脑是"一片空白"。因为她调动了所有的脑力，全身心地投入到这项工作当中，她就会对哲学家们独断专横的假说和故弄玄虚的学说予以嘲笑。她不会为天赋观念是否存在这个无法解决的问题而感到困扰，假如她成功地让头脑中的先天能力得到了发展，她就会心满意足。

如果有位母亲问道，要想让思维得到有效的发展，哪些学科可以作为工具，那么我可以这样说，只要是用和儿童才能相适应的方式来教，任何一门学科都可以让思维得到发展。从不为选择一个能够解释说明某个真理的事物而觉得困惑，这就是教学艺术的伟大之处。一个事物是如此地微不足道，以致一位熟练的教师把它拿在手里，都不会引起儿童的兴趣，这样的事物是不存在的，即便这兴趣并非来自物体本身，至少也能是来自教师用它进行教学的方式。对于孩子而言，任何事物都是新鲜的。新奇的魔力是转瞬即逝的，这是真实存在的。如果没有多年养成的爱挑剔的习惯，至少也有幼儿期的急躁情绪可以与其相抗衡。不过在另一方面，教师将简单的要素联系在一起的好处是很大的，这样既能够变化课题，又不能让注意力分散。

我上面说的是任何一门学科都可以培养智力，那么我要补充的一点是，这一点是要不加歪曲地去理解才行。不仅在儿童的生活中没有哪件事情是微不足道——消遣和娱乐活动，和父母、朋友还有游戏伙伴的关系——而且事实是，在他们的注意力所及范围以内，也是一样的，不存在微不足道的事情。不管是和大自然有关的事情，还是和职业和生活技能有关的事情，不仅可以作为学习的对象，利用它们来教授一些和其有关的、有用的知识，而且还有一点更为重要，那就是通过它们，能够让儿童养成对看见的东西进行思考并在思考之后将自己的意见发表出来的习惯。

谈话和提问的方法

这一工作实施起来，绝对不是对儿童讲话，而是要和儿童交谈；并非要给儿童讲述很多的单词，无论是熟悉的还是精心选择的单词，而是要对儿童进行引导，让他们自己就这个话题进行表述；不是要将这个问题无一遗漏讲述出来，而是要向儿童提问和这个题目有关的问题，让他找到并纠正答案。幼儿的情绪不太稳定，所以指望他们可以倾听冗长的讲解是十分可笑的。长时间的讲解会让儿童的注意力麻木，而生动的提问却可以将儿童的注意力牢牢抓住。

这些问题要尽量简短、清晰、好理解。这些问题不应该是让儿童用相同和不同的措词将他刚才听到的内容重复出来。应该用问题来激发儿童对摆在眼前的事物进行观察，去回忆他们已经掌握了的知识，并且去他们那并不多的知识储存中搜索，以找到可以回答问题的素材。告诉他们某一事物的某些性质，让他们在别的事物里找出一样的性质来，告诉他们球的形状叫"圆"，而如果在你的引导下，他们找到了同属于这一范畴的其他物体，在调动他们自身的积极性方面，这比最完美地向他们阐述圆形物的效果更好。一种情况是他们不得不进行倾听、回忆；而另一种情况是他们不得不进行观察、思考。

第十九篇
厌倦是教学的主要弊病

一定要指望儿童努力

当我在建议母亲一定要避免她的教学让学生感到厌倦时，我并没有在提倡这样的观点：教学应该一直具有娱乐性，甚至具有游戏的性质。我不得不承认，如果教师接受并遵照执行了这样的观点，那么将永远都无法得到牢固的知识，而且，因为学生没有努力的欲望，就一定会造成我想用我的不断调动思维力量的原则所努力避免的那种结果。

儿童一定要在早期的生活中获得这样的教训，这种教训往往来得太迟了，所以也是一种最为痛苦的教训——要想获得知识，一定要进行努力。然而，不应该教育儿童将努力视为一种无法避免的灾难。不能让恐惧成了激励努力的动力。这会将兴趣扼杀，并会迅速地导致厌学情绪的产生。

兴趣应当推动努力，而不是惧怕

这种兴趣可以说是学习中的头等大事。在我们现在面临的情况中，教师、母亲应当努力地激发兴趣，并让兴趣保持下去。没有任何一种情况能够表明，儿童不够用功的原因不是缺乏兴趣；可能也没有任何一种情况能够表明，缺乏兴趣的原因不是教师采用的教学方式。我甚至打算将它作为一个法则定下来，不管什么时候，只要儿童对学习表现得漫不经心，并表现明显地对课程缺乏兴趣，那么教师就应该始终先找自己的问题。当儿童面对大量的乏味枯燥的材料时，当儿童不得不安静地听着冗长的讲解时，或者不得不完成那些根本不会让头脑得到调剂，或者对头脑一点吸引力都没有的练习时——这就是一种精神上的负担，是教师一定要竭力避免强加给儿童的。同样的道理，如果儿童因为还不具备成熟的推理能力，或者对某些事实还不了解，所以还无法领悟或听懂和某一课文有关的一些观念，这时要逼着他去听或者复述那些对他而言只是"没有意义的语音"，这毫无疑问是荒谬的。而就在这个时候，这一切再加上对惩罚的恐惧——除了单调乏味以外，实际上单调乏味本身也算是一种惩罚了——将是非常残忍的。

惩罚

众所周知，在一切暴君当中，最残忍的要数位卑的暴君，而在一切位卑的暴君当中，学校的暴君是最残酷的。现在，在所有文明国家中，禁止一切种类的残忍行为，甚至对动物妄施不仁，也会受到惩罚，有些国家是这样规定的，而在任何一个国家，这种行为都将受到公众舆论的谴责。那么人们为什么对残酷地对待儿童，会如此普遍地不闻不问，或者换一个准确的说法，会将其视为理所当然的事情呢？

诚然，有些人会和我们说，他们自己所用的方法是非常仁慈的——他们的惩罚不怎么严厉——或者说他们已经将体罚废除了，然而我恰恰不是反对他们的严厉——我也不会冒昧地断言任何情况下教育都不允许进行体罚。他们对惩罚的用法才是我所反对的——我要反对的是这个原则，即当教师和学校制度该受责备的时候，受到惩罚的却是儿童。

只要还继续存在这种情况，只要教师不愿承担或没有能力胜任将学生生龙活虎般的学习兴趣激发出来的重任——他们就不应该再抱怨他们的学生不用心听讲，或者抱怨某些学生可能产生的厌学情绪。单调一定会压抑青年人的心智。假如我们可以目睹那些难以描摹的单调，难熬的时间一小时一小时地慢慢流逝，他们对课程既不喜欢，也不知道其用途；假如我们还想回忆起自己童年时所经历的同样遭遇，那么学童的懈怠、他们"慢吞吞地去上学，勉强得像蜗牛一样"就再也不会让我们感到诧异了。

我这样说的意思并不是在提倡懒散，或者提倡那些即使在办学最为有方的学校里也总能看到的不规范的行为。但是我想指出的是，为了防止上面说的这些情况成为普遍的现象，最佳的办法是采用一种更有效的教学方式，用这种方式引导儿童不再放任自流，不再从事那些令人讨厌的活动，不再因为微不足道的、情有可原的失误而遭到严厉的惩罚，反过来用问题来将他们唤醒，用实例来对他们予以激励，用慈爱让他们产生兴趣，并引导他们去学习。

教师和受教者之间的共鸣

在教师的兴趣和他要传授给学生的东西之间，存在非常明显的交互作用。如果他没有将全部精力都投入到所教科目当中，如果他对所教内容学生是否理解，他所用的方法学生是否喜欢并不关心，那么他一定会疏远学生对他的爱戴之情，让他们对他讲的东西漠然置之。但是，对教学工作的真正兴趣——亲切的语言和更亲切的情感，面部表情还有眼神——绝对不会不影响学生。

第二十篇
基本教育手段

你知道，我主张采用的那些练习都有这样的特点：通过对思考的启发形成智慧，以让学生有效地开动脑筋，在智力上为将来的职业做好准备。

从多方面说，我都可以将它们称作准备性的练习，它们包含形、数和语言等要素。在我们的生活进程中，不管学习什么观念，都能够通过这三大类中的任何一类作为媒介而将这些观念引入进来。

数和形

大脑从外部世界所获得的所有印象的自然尺度，由数和形的关系与比例构成。它们是物质世界的尺度，也包含物质世界的性质；形是空间的尺度，而数则是时间的量度。两个或两个以上的物体因为在空间上是彼此独立存在的，所以相互区别，它们于是就含有其形状概念，换言之，就含有它们所占据的精确空间的概念；它们又因为存在于不一样的时间而互相区别开来，于是它们就归入数量范畴。

我之所以要如此早地促使儿童对数和形的要素进行关注，除了因为它们具备一般意义上的用处之外，还因为讲解它们是最容易讲清楚的——当然，这种讲述和那种让那些不缺乏能力的人感到难懂并索然无味的讲解大不一样。

数的要素，或者准备性的计算练习，通常能够通过让儿童看某些体现数量单位的物体来进行训练。两个球、两朵玫瑰花和两本书的概念儿童都可以接受，但是无法接受抽象的"2"的概念。你要是不先将这种关系实际展示给儿童，你怎么能让他理解 2 加 2 等于 4？从抽象概念着手进行教学不仅荒谬，还有害，也绝对不会有一丁点儿的帮助。这样的教育结果最多是让儿童机械地死记硬背——但我无法理解它；这种事实损害的不是学生，而是教师，他们只会机械地训练，而不会更高级的教学。

如果这些要素这样清晰易懂地来教授，那么继续教一些稍微难一点的内容也往往会容易一些。不过始终都应该知道，整个教学都一定要通过提问来进行。一旦你已经让儿童掌握了用来辨认数目的名词，那么你就能够用它来回答任何和简易的加法、减法、乘法或除法有关的问题，用一些诸如圆球这样的能够代替数量单位的物体，来进行实际的演算。

高等算术

有人认为那些对经常出现并具体可见的数量单位的实例已经习惯的儿童，利用这些实例可以解答一些算术问题，但只要离开了圆球或者别的代表数量单位的实例，就无法理解抽象的计算问题。这种观点已经遭到了驳斥。

目前经验已经表明，那些利用上面说的方法获得这些基本要素的孩子，是有两个别人所没有的重要优势的。首先，他们不仅十分清楚他们正在做什么，而且也完全清楚这样做的道理。解答习题所依据的原则他们已经掌握；他们并非在单纯机械地照搬公式；如果问题的表述形式出现了变化，他们不会不知所措，而那些只知道机械的规范运算而不知道其原理的人就会这样。一旦从中获得了自信心和安全感，问题形式的变化还会为他们带来更多的乐趣——一个难题解决了，因为意识到一种……愉快的努力，总是激励他去将一个新的难题解决。

心算

第二个优势，是儿童已经彻底地掌握了那些图解式的基本练习以后，他们会显示出非同寻常的心算技巧。不用石板或者纸张，也不用作任何数字记录，他们不仅可以演算数目较大的习题，还能整理和解答那些原来即使有笔记的帮助或者可以在纸上运算好像也很不好算的题目。

你们国家的许多旅行者来我们学校参观，这让我感到非常荣幸。无论他们如何没有兴趣或没有能力来对我的所有计划进行研究，但都对我们的学生可以如此轻松，而且是如此迅速地解答参观者提出的那些算术问题，表示非常惊讶。虽然对于一个希望看到自己的计划通过其成果得到肯定的人来说，绝不会对局外人的认可漠然视之，不过我现在提到这一点，以及我当时觉得很高兴，都不是因为这样可以炫耀我自己。学校活动给人们留下的印象之所以让我感到非常有意思、非常满意，原因还在于它神奇地证实了我们的初级课程是有用的、合适的。

费了许多周折，至少对我来说是这样的，所以我才坚持这一原则，即训练儿童的头脑，应该用来自现实的例子，而不是根据抽象概念推导出来的规则；教学，也是应该通过事物，而不是通过字词。

几何学

在一些涉及形状要素的练习中，我的朋友们已非常成功地恢复并发展了那种被古人称为分析法的方法——即用问题引出事实，而非用理论来陈述事实；说明问题的原委，而非只是就事论事；就是引导人们开动脑筋进行创造，而不是满足于别人的创造，停滞不前。运用这种方法确实对大脑很有好处，确实能够产生激励作用，结果我们已完全明白了该怎样去评价柏拉图的原则，即不管谁希望成功地学习形而上学，都应该从几何的学习入手。它并不是指学习掌握某些图形和数据的某些性质或者比例（虽然在许多情况下，这些可以运用到实际生活当中，对科学的进步也是有帮助的），而是推理的精确、创造的才华，它们事实上是通过熟悉那些练习而获得的，它们让智力获得了进行各种活动的资格。

本国的和外国的语言

在数和形的练习里，最初所需要的抽象观念要少于在同类语言练习中所用到的抽象观念。不过这里我要认真地强调一下教授本国语的必要性。外国语或那些已经被废弃不用的语言，对于那些需要掌握这些语言的人而言，或者对那些迷上了这些语言的人而言，如果他们的爱好和习惯让他们着了迷，那么在我看来，他们完全应该去学习。但是我的原则还是，我认为应该尽早地引导儿童，对他的本国语进行深入的了解，并完美掌握，不应该有例外。

查理五世常常说，一个人掌握的语言有多少种，成才的机会就有多少次。这句话是否合理，现在我不想进行研究，不过我只知道这样一个事实，如果没有了解和精通至少一门语言，那么头脑就会将它基本的工具和器官丧失，它的功能就会受到阻碍，概念也会出现模糊不清。那些主张压迫、黑暗还有偏见的人，他们最妙的方式就是让人们窒息，不再拥有自由自在的、义正辞严的、训练有素的讲话能力，任何时候他们都没有将这一点忽视；而那些支持光明和自由的人，他们是理所当然地致力于这一事业，他们的所为也无非是所有的人，不管是最穷的还是最富的人，都可以熟练地掌握语言，就算这种语言不够优雅，有了熟练的语言，他们就能够去收集和整理他们的模糊不清的观念，吸收那些清晰的观念，同时还能够将千百个新观念唤醒。

第二十一篇
教育和社会

  人和社会的关系，通过教育，人能够获得成为一个有用的社会成员的资格。为了成为真正有用的人，人一定成为一个真正独立的人。无论这种独立地位是由他的境遇所赋予的，不是靠他体面地发挥了自己的才能而获得的，也不管它是否可以归功于俭朴的习惯和勤奋的努力，显而易见，真正的独立地位一定会随着他的道德尊严，而非富裕境遇、智力优势或不屈不挠的努力程度而上下浮沉。一个自甘贫困或受制于他人的社会阶层，并不比一个靠着俸禄、表现出理智上的无能或者没有道德和高尚情操的社会阶层卑贱。如果一个人，他的行为被打上了理智独立性的烙印，那么他一定是一位有价值的、受人爱戴的社会成员。他在社会中拥有一定的地位，这个地位是他自己的，而不是别人的，因为他已经凭借自己的成就获得了它，并且用自己的人格捍卫了它。他的才华、他的时间、他的影响或者他的机遇全都献给了一定的目标。甚至在地位比较低的社会阶层中，有些个人因为他的行为举止所表现出的明智、真诚和高尚的品质，因为他们种种努力表现出来的、值得表扬的倾向，他们能够和那些拥有贵族血统的人，还有那些在才华和功绩面前具有更显赫荣誉的人相提并论，这一点已经是人所共知的了。这样的情况不过是一些例外，而且这些例外的数量也非常的少，这要归咎于那种普遍盛行的、其目的几乎和推进独立人格发展没有关系的教育制度。

如果将人视为一个个体，那么教育应该为让人获得幸福而作出贡献。幸福感并非来自外部环境，它其实是一种心理状态，是一种内部和外部世界达到了和谐的意识；它将欲望限制在合理的范围内，它又为人的才能确立了最高的目标。这是因为，这样的人是幸福的，他可以将自己的欲望限制在没有超出自己的财力允许范围；他可以将所有的个人和自私的欲望放弃，而不至于将他的愉快和平静丧失——他的一切快乐情感都并非取决于个人的满足。再有，这样的人也是幸福的，在个人利益无法实现时，在他更完善的天性或者他的民族的最高利益岌岌可危时——这样的人是幸福的，因为这会让他明白努力是无止境的，让他懂得让努力和最自信的希望相结合！幸福的范畴是无限的，它正随着思想境界的开阔而不断扩展；它也在伴随着内心情感的升华而升华，"随着它们的发展而发展，随着它们的增强而增强"。

为了让行为和个人生活拥有上面说的这些品质，根植在天性中的所有才能都应该得到合适的发展，在我看来，这一点是非常必要的。这不是指应该习得任何方面的精湛技艺，或者热切渴望达到的完美程度，这些都是杰出天才的专利，然而，所有的才能都应该有一定程度的发展，这些才能远非只精深某一种才能。这样的发展进程，最大的好处是对头脑的训练，使头脑可以适应更专门的工作，即从事任何与它的倾向相宜的或与某些职业有关的学习。

任何一个人都有这样的要求，他把孩子托付给别人进行教育，要求他让他的孩子的才能获得审慎的发展——现在看来，这个要求的普遍性还没有被充分地认识——关于这个要求，请允许举一个实例，这是我的一位朋友在一个偶然的场合提到的。如果我们发现一个人处在痛苦当中、濒于令人可怕的时刻，这个时刻意味着他在这个世界上的痛苦和欢乐将要永远地结束，我们总会感觉自己为一种同情心所触动，它对我们发出提醒，无论他目前的地位是多么卑贱，无论他在哪里生活，他终究是我们同类中的一员，和我们一样，受喜怒哀乐的支配，和我们一样，生来都是具备一样的才能，都有一样的目标，都希望自己可以长生不老。如果我们为这种观念所支配，那么我们只要能做到，我们就会特别情愿地减轻他的痛苦，为他临终时刻的黑暗送去一线光明。这种感情可以打动每个人的心，甚至就是那些不谙世故和不近人情的人，那些很少见到悲哀场景的人，也能够被打动。那么，现在我们要问，我们为什么会冷淡漠然地对待那些步入人生的人呢？对那些投身于形形色色生活舞台的人，我们为什么会对他们的感情和处境毫无兴趣呢？如果我们只是愿意静下来对此进行一番反省的话，我们是能够为增进他们的欢乐，减轻他们的所有痛苦、不满和不幸而作出自己的贡献的。

就这一点来说，教育能够做的事是相信一切有能力根据经验来讲话的人。教育应该努力去做的是，要说服一切对人类福利事业真正感兴趣的人。教育可以立即做到的，是一切真正地对人类福利事业感兴趣的人的不懈努力。

第二十二篇
教育意味着完整的人的发展

"要素方法"的问题，就是怎样让人的才能和能力的培养和大自然的顺序保持一致。我或多或少地觉察到了这一问题的所有重要性，已经将后半生的很大一部分精力都花费在这上，想要努力将其解决。

如果我们想弄清楚这个方法的内涵，首先必须先将人的本性意味着什么弄清楚。它固有的本质是什么？它显示出了哪些特点？很清楚，我们人类和别的动物共有的才能和能力，并非人的最本质的东西。相反地，人类是一种和动物不同的才能和精力的聚积体，也不是本质。人的本质既非我的很容易就腐烂的肉体，也不是我的感官欲望，而是我的道德与宗教信仰的才能，我的智慧和实践的才能。在我的内部，这些力量构成了人性。

那么我们就能这样说，"要素方法"问题就是遵循大自然的秩序，让人的头脑、心灵和手这些特有的能力得以展开、获得发展的问题。

所谓的和大自然保持一致，就是说不断地让我们的动物本性从属于更高级的、人类所特有的要求——简单地说，让肉体从属于心灵。

进一步说，由技巧所助长的这一发展进程的每一次尝试，都要有一个先决条件，那就是大自然本身所获取的生动的和多少带有清晰性的感觉过程。

各个不同才能构成中固有的永恒规律决定了这个过程。在规律内部，它们和一种无法遏制的、对人的发展有利的力量关系密切。只要时机一到，这种力量就会驱使我们朝前发展。只要是我们感觉到的，我们就决意去做。这只能是这种潜在倾向的力量，而不可能是其他性质的东西。

"我能"这种感觉，作为进步的一个条件，是我们人类存在的一条规律，但是这一规律的特殊形式，则随着和它有关的每一才能的特点而变化。尽管形式多样化，然而不会丧失掉统一性，因为它们源自统一性——人性的统一性。只有在它们保持和谐时，它们才和人性保持一致。相反地，只有影响人的是一个无法分割的整体，那个词"我能"才具备了我们所理解的教育意义。它一定会涉及手和心灵还有头脑。偏向任何一部分，都不会产生令人满意的效果。孤立地只想发展任何一种才能（比如头脑或者心灵），都会让人的天性的均衡得到损坏，甚至毁灭。它意味着使用非自然的训练方法，会产生发展片面的人。只注重道德与宗教教育，或者只注重智力教育，都是不正确的。

只发展人性的某一方面，这是不正常的，也是错误的。它就像敲击铙钹、吹奏铜管所发出的声音一样，是空洞的，不真实的。教育要名副其实，一定是努力让人的完善能力都获得圆满的发展。

人类才能的整体性是种族的神圣而永恒的天赋，教育成功的基本条件就是这个整体性。"上帝已经将其结合在一起，别让人再将它分开。"在教育实践中，谁漠视了这一原则，无论是用的什么方法，结果都只有一个，就是让我们成为不完全的人，在这种人身上是不会找到满意的结果的。

这类特殊发展的人是一种自我蒙蔽的牺牲品，他们连自己的弱点和缺陷都不知道。

由不一样的方法教育出来的人们对他们是严重的束缚。不管是过分的感情发展，还是过分的智力发展，缺乏平衡都会最终导致失败。

家庭和公民的幸福终究还是得依靠精神因素，缺少了它，所要求的家庭与公民生活的实际质量只能是危险的幻觉。它们会导致各种不满意的品质产生，导致不健康的情感、不平之气和一切各种各样的分歧产生。

每种能力的发展从专门的训练中获得

我们观念中的"要素方法"，目的就是实现各种才能的均衡。为此，它要求人的一切基本能力都获得充分的发展。每种情况的自然过程的发生都是按照不变的规律来的，反对它就等于人为地干涉大自然。支配不一样才能发展的规律是不一样的。智力发展的过程和让感情生活纯洁并产生效应的过程不一样，而这两者和支配体力发展的原则也不一样。

在各种情况下，才能的进展需要依赖练习。只有通过将道德、爱心和忠诚这些美德付诸实践，才能让其得到发展。智力的发展主要源泉是思考，而实践和职业能力的发展自然来自我们对感官和四肢的运用。

促进能力发展的练习要根据能力的不同而有所变化。眼睛要去看，耳朵要去听，双手要去抓握，双脚要去走路。同样的道理，心灵要去爱、去信任，智力要去思考。人任何一种内在的才能，都可以联系上一定的活动；通过活动以实现自己的目的，并发展成为有训练的才能。

摔跤会让儿童走路的勇气降低；小猫抓破了他的皮肤，小狗冲着他嚎叫，都会让他的信心被挫伤。同样，当教师采取的方法很没有吸引力的时候，儿童的学习欲望就会下降。因为这种方法让他感到困惑、感到混乱，而不是将他的学习兴趣唤起来。

让人发展的教育和大自然相对应

如果听其自然，那么人类才能发展的进程会受到人的感官"牢房"的妨碍，从而只能非常缓慢地前进。如果努力地提高发展人性的进程，则将有两件事是被视为理所当然的。第一件是依靠有理性的爱的帮助，即使有感官的局限，不过它依然是我们家庭观念的萌芽；第二件将由长期经验赋予人类的有关技能明智地运用起来。

于是，我们意识到，"要素方法"的思想简单地产生于人去补充自然过程的努力，在诸如明智的爱、有教养的才智和实际的洞察力等的帮助下，让我们的性情和才能得到发展。

虽然上帝主宰了人的发展的自然进程，但是，当放任儿童们，让他们彻底地自发发展的时候，只能唤起他的原始本能，而人的目标——"要素方法"的目的，智慧和虔诚的目的——就在于让人性和神性的因素进入生活。

让我们更密切地从道德、智力和每日的实际生活的观点来对这个问题进行考察吧。

一、教育是道德的源泉。

让我们扪心自问：在人类种族中，我们的道德生活、忠诚和爱心的基础是如何获得切实的发展的？我们最早的道德和宗教倾向的萌芽，是如何变得有活动力的呢？它们是如何在人的鼓励和照料下获得滋养、增强力量，而同时又维护了大自然自己为它们计划的人类特性呢？这一切都是从儿童身体需要的平稳的满足中来的，这是儿童今后的道德萌芽在生活中活跃起来的自然条件。母爱本能的守护保证了这种条件，如果把这个条件忽视了，就会很快影响幼儿身体的良好发展。

所以，对于教育而言，保证幼儿的宁静和满足是极为重要的。和这个同样重要的是，要有这样的认识：这应该是一种将处在蛰伏状态的、人类和动物不一样的情感引入生活的方法。任何对幼儿这种有生长力的生活的影响，都会导致其原始的感官本性得以加快、加强，而其人类所有的各种倾向和才能的正常发展却遭到了妨碍。

要想实现这个目的，首要有效的手段，是大自然赋予母亲心灵里的东西。母性的力量和母性的奉献是无所不能的。如果母亲缺乏这些品质，那么她就是不正常的母亲，它表明母亲的心灵出现了一种反常的退化。如果只有父亲而没有母亲的帮助，那么家庭生活的鼓舞力量一定会非常小。正是忠诚的母亲让这些事情得到了证明，就和将母亲从婴儿期开始就关心孩子的宁静这一点普遍视为母亲献身的最好的标记一样，我们认为，对于儿童道德力量的自然发展来说，它一样是必不可少的。人类的各种品质只能在宁静中得到展开。如果没有了宁静，爱就再也不是幸福和真理的源泉。不安静本身就是产生于身体上的痛苦、无法得到满足的欲望、不合理的需求或者更恶劣的自私自利等等之中。无论什么情况，它都会导致爱的缺乏、不信任以及由此而产生的所有不好的东西。

因此，宁静是幼年生活的首要需要，一定保护婴儿的有机体，远离任何方面的侵扰。某些扰乱有可能产生于对生理需要的忽视，或者是过分的纵容，这种纵容会鼓励那种无法控制的自私自利。

如果面对正在哭喊的婴儿，母亲屡次地、不规则地疏忽了对他的照顾，甚至让他等了好长的时间，让他的轻度的不适加重成了实际的痛苦时，不满的坏影响，连同它的各种恶果就有可能在儿童心里萌发了。这样对儿童不及时的关照，并非将儿童热爱和自信心激发出来的正常方法。如果这样做，母亲无异于将未来道德堕落的种子播撒在了儿童的心中。这种婴儿期的不安在他本性的生理方面导致了伤害感，将无理性的暴力倾向唤起。

一个遭到了忽视的儿童被痛苦所伤害，就像一头饥渴交加的野兽那样，投入母亲的怀抱，而非采取人类的温柔的方式，并在适度地满足自己的需要中获得愉悦感。没有母亲的笑脸和温柔的手，也就不再有微笑和魅力，而这些是确保一个婴幼儿健康与快乐的自然需要。在烦躁不安的儿童身上，我们不会看到正苏醒的人性的最初迹象，却可以找到种种不满和不信任的表示，爱和诚实的感情无法发展，儿童的整个发展过程也受到了影响。

过分的纵容也是不小的干扰。无论那些愚昧并溺爱孩子的人是属于哪个阶层的，都在儿童心里滋长了不合适的欲望，还暗中将孩子通过自身努力来满足其需要的能力给破坏了。他成为持续增长的不满、沮丧以及暴力的源泉。

为了将孩子身上的人性唤醒，真正的母性的关心会让她对满足儿童基本需要的注意进行限制。如果是一位明智的、有思想的母亲，她会遵循自己的爱来支配行事，而不是对儿童的任性和物质上的自私表示屈从。她出于让儿童获得安宁的目的而操心，而非去刺激他的感官上的欲望，仅仅是满足他在物质上的需要。虽然母性的关怀是一种本能，然而这种本能一定要和她的智慧和她的内心启示给她的东西保持和谐。实际上，它是这三者合起来的产物。它是靠本能召唤而进入生活的，并不因此表明她高贵的意向屈从机体的要求。各种机体的倾向只是简单地努力合作，以此让她的智慧和内心的愿望得以实现。

所以，母亲的影响是开启爱和忠诚的自然途径，它与此同时也为充满快乐的印象打好了基础，其中还伴随着父亲、兄弟还有姐妹们补充给他的快乐。爱和忠诚的感情扩大到整个家庭的生活范围，儿童在感觉上对母亲的信任和依恋提升到了真正人类之爱和人类忠诚的层次。它首先推及父亲、兄弟还有姐妹们身上，不过范围还在持续不断扩大。母亲爱谁，他就爱谁；母亲信任谁，他就信任谁。甚至如果他第一次见到一个陌生人，母亲这时对他说："他爱你，因此你一定要相信他；他是一个好人，赶紧把手伸给他。"这时孩子也会立刻微笑，并高兴地将天真的手伸向这个陌生人。如果母亲这时又对他说道："你有一位住在远方的祖父，他非常地爱你。"孩子是一定会相信她的。他愿意和母亲说起祖父，相信祖父是爱他的，盼望着自己可以继承祖父的产业。

二、智力发展的教育与大自然相对应。

我来说下一个问题，人的智力生活是如何开始的？当大自然有了它自己的方法时，人的思维能力、判断能力还有调查研究能力，又是以什么作为起点的呢？

我们发现，思维能力是从客观物体让我们形成的感觉印象这里开始的。感官接触物体，将它们内部固有东西的自我发展唤醒。

已经被唤醒了的东西，借助推动得以迅速地发展，这一经验首先会产生客观物体给予我们的印象的意识，接着就会让我们认识它们。于是，我们就感到有一种需要，也就是将经验给予我们的印象表述出来。这种表述一开始采取的是手势和模拟的形式。到了后来，我们就面对面地采用了人类需要特征更加明显的语言。语言的发展让手势和模拟动作不再是必不可少的了。

1.语言的发展。

说话的能力，对于发展思维能力来说是必要的。说话的能力是人类的一种特殊手段，用来组织从经验获得的知识并让其拥有广泛的用途。从一开始，它的发展就唯一地和人类知识的增长和扩展拥有密切的联系；这种情况通常都居于优先地位。正常的说话只是跟我们已经学到的事物，还有与我们对这些事物进行学习的方法有关。如果我们学得比较肤浅，那么说得也就比较肤浅，如果我们学的是错误的，那么也就只能说错误的。

学习母语和别的语言的一般途径，都是和通过经验来获取知识有联系的，而且学习的过程一定要遵循自然的顺序，经验的印象在这种顺序当中变成了知识。如果我们在母语这一问题上应用这种观点，就会发现，和其他所有事情一样，人类也是渐渐地从我们本性逐渐进化的低级因素中将自己和别的事物区分开来，我们的语言能力也是一点点地缓慢发展的。在形成说话器官之前，幼儿是不能说话的。更有甚者，他一开始什么都不知道，所以没有说话的愿望。他说话的愿望和才能的发展，是和他通过经验一点点获得知识是保持一致的。教幼儿如何说话，这是大自然的唯一的方法。一切人工的帮助都应该是引导着它按照这一缓慢的过程进行，通过利用周围的物体和人的各种各样的声音、语调等刺激，去促进进一步的发展。

为了教儿童说话，母亲的工作一定要符合儿童的性情，并且要将一切为儿童的眼、耳、手所敏感的刺激利用起来。当儿童有意识地去看、听、嗅、尝和感觉的时候，他就会想要将这些印象表达出来，也就是说，他的心理发展起来了关于学习讲述这些印象的愿望和这样做的能力。为此，母亲也一定要运用声音去刺激他。如果她非常急切，想在很短的时间里教会儿童说话，她就一定要反复地说话，一会儿轻声说，一会儿大声说，一会儿笑，一会儿唱，如此等等，丰富多样，不断变化。

她这么做的目的应当是让孩子想要对她进行模仿。同样，她一定要清楚，要儿童记下的物体名称的印象是和词相对应的。她一定要让儿童注意这些物体的最重要的意义还有多种多样的有趣的关系。她一定要让和表述事物有关的练习提升到这样一步，也就是在孩子心里事物的印象已经成熟了。技巧，或者更准确地说，一位明智的母亲的不断奉献，可以让语言学习里自然缓慢的方法得以促进，并且变得更有生气。"要素方法"的责任，就是要弄清楚这种加速性的和有生气的方法是如何发生的，并着眼于向母亲提供合适的、精确的、顺序合理的练习。如果这一点做到了，那么母亲的心灵对利用这些练习，就一定会有充分的准备。

在学习别的语言时，自然的顺序并不是这样缓慢的，这是因为：（1）在这种环境当中，儿童的语言器官已经获得了充分的发展。需要掌握的，只是很少新的声音，他的器官在别的方面已经相当有效了。（2）开始另一种语言学习的儿童，已经利用经验获得了大量的信息，他可以用母语极为精确地表达这些信息。所以，每一种新语言的获得，只需要用母语的熟悉的和有意义的声音，去调换那些他不熟悉的声音就可以了。怎样通过充分利用机械化的方法，通过按心理顺序安排的旨在将概念阐明的预备练习，通过已在简单机械化的方法中学会了对应词等办法来简化调换，这是一个有待我们予以解决的重大问题。

每个人都觉得需要一种语言教学入门的心理学基础，而我认为，在将近五十年的时间里，我已经连续不断地尝试过将这种最初阶段的教育简化，我已经得出了一些自然而有效的、可以实现这一目标的方法。

2. 较高的智力训练。

然而，为了不把我阐述的关于"要素方法"的思想线索丢掉，我愿意再探讨一下智育的问题，智育永远都是从经验开始，并首先一定要得到一种自然的语言教学体系的帮助。如果这种帮助的目的是解释知识，那么也一定要以直接经验为基础。不管怎样，智力训练的本性告诉我们，它需要处理得使它能带给我们更进一步的东西。对于通过感觉已经有了清楚的理解的物体，我们一定要为对这些物体进行组合、区分和比较的能力的发展提供帮助。这样，我们将会帮助心智增强对那些物体本身及其特性的判断力——即实际的思考能力。

智力训练，还有依赖着它的种族文化，要求不断地寻找办法，为我们的思考能力、判断能力和调查研究能力自然发展提供帮助，以便有意识地将人类几千年获得的东西占有。这些办法的性质和范围都依赖于我们的主动性，依赖于感官已经清晰理解了的物体的组合、区分和比较——换言之，依靠我们有逻辑性的调查研究，还有我们通过这种方法提高训练有素的判断水平的可能性。

3. 数目、形状和语言教学带来的东西。

如果指望利用这些办法，让我们的思维能力在训练过判断力的人中间表现出来，这还有待研究。它们的性质及其完善的问题，是"要素方法"理论另一件关心的重要事情。因为，对感觉已经清晰理解了的物体进行逻辑性的调查研究后，会有一个明显的发现，它的第一个促进因素就是我们利用了所得到的计数和测量的能力，所以，在数目和形状的简化练习里面，将可以发现获取哪一方面能力的最好方法。我们也知道为什么"要素方法"理论将数目和形状进行简易的心理学化的处理，还有语言进行类似的处理，视为我们对思维能力进行培养的最普遍、最有效的手段，同时，这也是符合大自然的规律的。

我们在布格多夫进行了应用简化数目和形状教学原则的最初实验，获得了显著的一致的成功。但是更为明显的是，后来的成功（尽管布格多夫的实验范围比较狭小，也是试验性的，而且后来又对它冷淡了）让我们学校有可能一直生存到现在（它已经处在衰败状态很长时间了；多年来，它始终在和公开的反抗进行斗争，最后被推到了毁灭的边缘）。甚至眼下，虽然我们的外部资源已经缺乏到基本为零，我们依然建立了一所学院，培养男女教师的。这一有生命力的现象让我依然对未来充满信心。

三、大自然和实践能力发展的教育相对应。

为了回答这一问题——"实践才能是如何开始展露的？"我们进行了思考，马上就明白了它是以双重品质为基础的，也就是内部的和外部的品质，智力的和体力的品质。还有一点同样明显，那就是在智力才能的训练之中，在思考和判断能力的培养中，潜藏着实践的和专业的才能训练的奥秘，这些也十分依赖井然有序地进行运用感官的系统训练。我们应该承认，一个已经具有良好的基础——即具有正常的、充分的算术、测量还有它们包含的绘画训练的基础——的人，他的内部是具备了实践才能和技术技巧的必要根基。对他而言，剩下需要做的唯一事情，就是在他的理论知识范围内，就外部感官和四肢的运用进行系统培养，对他想要学习的工艺技巧，进行特殊的关注。就和数目和形式的简化练习从性质上一定要视为是实践才能的特殊智力训练一样，感官和四肢的机械化练习是外部技巧训练所必不可少的，一定要视为实践才能的体力训练。

实践才能的要素训练（其中的专业的实践能力一定要当作一项特殊的、适合个人的职务和环境的实用才能）所以依靠两个基础，正常的训练方法在于对两种基本不同的才能予以激励和训练，即智力的和体力的才能。但是，这类方法有一个前提的条件，那就是当它们同时是人类文化三个方面一般训练中的重要部分时，只有满足这个条件，这类方法才是真正具有教育作用的方法。

道德和智力的实际训练的要素我已经论述过了，还有就是体力的方面了。因为发展的倾向是我们道德的和智力才能获得发展的首要源泉，因此身体方面的实际能力的正常训练，也是需要类似倾向的激励，人们通过研究发现，它也是我们感官和四肢的特性，所以自然而然地倾向于活动正在到来的智力和体力的刺激，让那种倾向的实现成为实践的必然性。实际上，教师的艺术对这种倾向所做的是非常少的。体力的冲动推动我们来运用感官和四肢的功能，这是我们原始的本性。教师的目的，就是让这种原始冲动和指引学生的道德和智力原则相符合，让学生从环境力量和家庭生活的影响中获得帮助和鼓励。

明智而谨慎地将家庭生活这个教育资源运用起来，以促进体力的增长，它的重要性正像它在道德和智力方面一样，这些资源不是一成不变的，而是随着家庭地位和环境的变化而变化。然而，尽管有效的资源差别很大，而我们利用它们——德、智、体的——却是服从于永恒不变的法则的，所以它自身也是不变的。我们的方法，可以举一个艺术教育的例子来说明：首先，我们教育学生，让他们对每一种艺术的形态有精确的认识；然后他学着去将其再现出来。用这种方法实践后，他就会想要自如而优美地将其他的艺术形式表现出来，当他可以做到这一点时，他就已做好了可以自由和独立地去工作的准备了。

我们人类实践教育所遵循的大自然的典型程序就是这样的。儿童在大自然的掌控之下，进行着一种分级的系列练习，让他在准确性、力量和灵巧方面都达到一定的标准。这几种练习及它们之间的协调和穿插在一起的结果，给予儿童以技艺，如果不是这样，人的手艺绝对不会对他产生崇高的影响，儿童也绝对不会真正地获得完善的技艺。

在内部的智力基础发展方面，实践才能机械式基础发展的通常秩序完全符合大自然的秩序。这就为我们确定了一条自然的道路，和对智力和心灵进行训练的基本方法和谐一致。如果我们一开始就认识到了本性的统一和力量的均衡，那么就意味着，我们本性所有三方面的教育就需要齐头并进。

我们的力量的均衡与和谐

我现在将对人的本性统一性的重要证据进行更密切的观察——也就是人的道德、智力和体力的均衡，换言之，就是人的心、头和手的能力的均衡性。虽然某一方面取得了优势效果，但是这却是在损害所有良好品质适当协调的情况下取得的，这事实上无非是一种表面的过分的感情和宗教上的发展，还伴随着智力和实践上的紊乱和薄弱。这一事实可能和一个充满爱而且最真挚地寻求神灵和人的力量的源泉的灵魂存在关联。然而，当一个人的心理平衡已经丧失到这个程度的时候，尽管他出于好意地去弥补智力的不足，尽管他肤浅、软弱地去探求真理的知识，然而他只能沉溺于好像梦一样的思索里面，并没有去认识真理和正义的能力，去履行依靠这种认识才能履行的责任的能力。

虽然他的心也许是诚实的，但是他强行努力去获取他一定已经误解甚至藐视的东西——因为那种没有价值的、骗人的东西和造就它的环境是有关系的，所以他的努力一定会让他对神的纯洁的爱被削弱，让他可怜地分裂了自身，而且从人的观点来看，他萎缩了，不可救药地萎缩了。

虔诚、信仰和爱，与弱点和错误一起，起到了促进平衡调节的作用。缺乏信仰和爱的智慧、实践或职业能力是无穷无尽的动乱源泉，这种动乱对人类才能的自然发展有致命的影响。

集体精神

不过有一点是确定的，冷漠无情（我们在智力和体力上的骄傲很容易产生各种形式的冷漠无情）让改进的真诚努力完全麻痹，但是，在虔诚和爱的本性中或那些弱智者和体弱者身上是不大容易产生这种冷漠无情的。但是这只对这一类的个人适用。一旦人们结成了团体，他们就不再有个人软弱的意识了，这种个人软弱的意识乃是真实的爱和信仰的主要基础，并且对于致力于改进工作的真诚努力来说，也是非常有必要的。群体的较低本能让他们无论从个人角度，还是从社会角度，都觉得比他们实有的力量要强。当个人软弱的意识和他们作为一个整体的力量和权利的强烈意识之间出现了冲突时，他们的内心就出现了伪善的自我欺骗倾向。他们让集体力量的骄傲情绪得以滋长，让粗暴地对待那些和他们的集体意见不一样的人的不友好、不真诚的情绪得以滋长。这样，不仅个人力量、自我提高的严肃的宗教观念被削弱，他们的中间还产生了妄自尊大的粗鲁情感和令人不快的凶暴观念。这些都是冷漠的世俗人物，他们已经将一切关于比他们更好更强的人们的观念都丧失了。集体精神，无论从宗教的还是文明的意义上来讲，都不是精神的产品。它是肉欲的东西，它也会产生和片面的智育或体育一样的后果。所以，关于初等教育理论，我们需要关注的一个重要问题是，保持人的能力教育的均衡。

一般的教学方法

我现在在进一步考虑"要素方法"理论在教育应用方面一定要谈到的问题。顺应大自然普遍地要求这些教育应用最大限度地进行简明，我所有的教学法著作始终都是以这一观念为基础的。首先，我将自己的目标限制在努力地实现尽可能简化，并且目的是让学校的实践更像家庭的。这种观念非常自然地引导着我，努力组织系列的教育练习，这种练习存在于人类学习和活动的各个部门，它们应当从最简单的开始，连续进行，一点点地、不间断地从容易到难，和小学生能力提高的步伐相协调，从他那里得到各种能力的暗示，始终对他们进行激励，绝对不让他感到厌倦或精疲力尽。这一思想的心理学上易于达到的可能性，在于认识到两种方法之间的不同之处，一种是将人类基本才能展露出来的方法，它遵循确定不变的规律；另一种是在特殊知识部门和特殊技巧教学里面，采取的应用那些基本能力的方法。

上面这些彼此间的不同之处，和我们努力去认识和使用的诸物体间的差别之处，和各有关个体之间的地位、环境的不同之处也很像。"要素方法"是想避免出现因为将发展才能的诸方法放在首位而产生的混乱。这是十分常见的。当然，我们不会等诸能力发展以后，再去进行实际的运用。这样做是最好不过的了。这是因为，在发展和应用我们能力的整个序列练习中，是要求每前进一步，都要让其达到完善的。这样，通过这两方面的练习——发展能力、应用这些能力——这种方法就会让小学生自觉地朝着完美发展而不断努力，这种追求完美的努力不只是为了将发展才能的方法和运用这些能力的训练保持协调，而且也很可能形成高标准的工作习惯。

我们的理想是不是一种幻想？

我暂时不谈和这一观点有关的那些推论。在进行进一步的研究之前，我想先考虑这样一个问题，那就是我们的"要素方法"理论仅仅是一种梦想吗？它真的为切实可行的事情提供了基础吗？总有人语气强硬地问我，在哪里能真正找到要素方法实施的实例呢？我是这样回答的，什么地方都找得到，但是又没有哪里能找得到！它可行的单个的例证随处可见，但是它的完善的例证却无处可寻。还从来没有以完全组织过的体系试验过这个方法。还没有哪个初级学校或教育机关在全部的细节上都符合我们的理想。

然而，人在任何一门学科上的知识和才能，都是以零零碎碎的方式增长的，即使是我们的文化中最高的和最好的知识和才能，同样也是这样获得的。教育的进步和这种零碎的方式类似。人有时候前进，有时候后退。完全满足我们要求的条件是不存在也不可能存在的。人性本身有一种无法克服的障碍，阻碍它完满地实现，尤其是人类智慧和心灵的弱点和在我们易腐的躯体之下的内部的神性你追我逐，不允许我们在任何一点上达到绝对的完善。即使最能干的人尽了全部努力进行完善自身，也一定会像保罗所说的："我既不是好像早就已经获得了，也不是已经完善了，但是，我还在追求，要是这样的话，我还是有可能获得的。"如果这话是适用于个人的，那么就更适用于对争取文化而努力的集体了。

即使是第一流的学校，在物质和精神两方面接受帮助和鼓励，也无法让要素方法理论在训练和教育一切类型儿童的应用上成为最完善的方法。我再说一次，在本质上人性就是反对一下子全面引进这个崇高理论了。我们所有的知识和技能都不是完整的，直到时间的末日依然如此。我们的知识和技能的进步，甚至包括我们理想的提高（因为这取决于个别人和个别团体的有限进步），必然是蹒跚而行的，是不完全的，会屡次作为障碍，出现在那些为改良现存状况而切实作出贡献的人们的道路上。

我们必须毫无保留地说：在实践中，与我们的要素方法概念完全符合的教育和教学方法，是无法想象的。

不管你将它的原则强调到什么样的显著地位，不管你简化它到了多大程度，不管怎样清楚地证明它的实践的一贯性，不过外部的一贯性则是无法想象的；每一个个人，都是在根据自己的特点而进行着不一样的贯彻。在一种情况下，一个人是发自内心要将这种理论运用到实践当中的，他将全部的热情都投入到工作中去。还有一种人，他有智能，通过有关的清晰而精确的思想，想方设法地实现自己的目标。还有的人以其特有的禀赋的实践和职业才能设法让自己的目标得以实现。这样的情况是非常好的。有心的天赋才能、头的天赋才能还有手的天赋才能。有些人在某些特殊方面，是具有远远高于其同胞的禀赋的。在道德、智力和体力才能的内部资源方面，他们是"百万富翁"，然而个人的自私自利在他们的三位一体的本性深处鼓动着他们，这和我们现实生活中的金钱和权力的"百万富翁"所受到的鼓动没有什么两样。和百万富翁类似，由他们的特殊才能引起的多样需求，产生了一整个连锁的赖以赡养的人。他们在保持专门手艺的优越性上，或者在维护某一特殊观点上，和另外也有特殊利益但和他们的利益不一样的人形成了对立。所以，总的均衡不会被打乱，不过人类所特有的进步的这一不均衡类型得以保持。我们一定要承认，这是知识和能力进步的自然规律，并且和人类幸福的现实存在密切的关系。

很久以来，我们并没有认识到这一点，要素方法理论被我们视为一种幻想，认为它没有用于实践的可能。然而，一旦我们意识到它是为了追求人类一般的文化，并承认知识是逐步地提高的，在进步中一定会遇到障碍的，那么，我们就会公认它和人类最终的目的是相符的，并再也不考虑那不可信的观点，也就是我们是爱做不切实际的梦的人。

不！我的责任是逐渐实现人类的所有目的，因为这一工作并非永远都不切实际的。这种想法绝对不能有。我们要素方法理论要求的就是这样的正确态度。虽然这样的目的在实际的实践的形式和外貌上永远都无法实现内在的完美，但是，那些还没有被时代文化所腐蚀和损害的人们，会逐渐促进它的实现，并且，在道德、智力和体力诸方面，他们的努力已经像文明社会那样获得了成效。自然教育的每个原则，教学的每种正确方法，都和这个类似。我再说一次，我们的理想既是随处可见的，又是无处可见的。就其完美性而言，任何一个地方都是没有它的；作为一个努力的目标，因为它已经部分地表现出来了，因此它又是无所不在的。将其完全忽视，就等于将人身之内的神性和永恒性完全忽视——人性最本质的东西，人类独具的东西。让教育的方法对大自然的规律适应（就是说，要素方法的理论），实质上并非别的，正是让它们与不可摧毁的永存活力的神性相协调，神性总是和我们的低级的感官特性相抵触的。

追求感官性的满足，这是动物的特性，明显和人类的目的存在区别。所以，初等教育理论的学说产生于人的灵魂本身的生活，它们不断和一整套诉诸感官的技巧产生冲突，又和肉体的不可抗拒的要求产生冲突。那些关注教育人民的问题、视其为一个整体而非个人教育的问题的人们，他们的总的意见，是对它的要求还有其措施所能实现的东西不友好。这是无法避免的。力量、技巧、体力性的努力，而不是道德的和智力的努力，才是国家教育的实践机关所需要的。然而，各种感官的欲望一定要对心智完全服从，而正如我们所设想的，要素方法的精神是逐渐认识到这种服从的必要性。当我考虑我是如何为了实现理想而奋斗时，我想到了在人民大众的初等学校中，几乎可以说是没有一点我理想的迹象存在。我尽我最大的努力工作，将大众教育的一般形式简化，让它们成为去和流行的教育弊病搏斗最有效的方法。不过，我的崇高理想乃是善良心灵的产物，我们不够充分的智力和实践才能的天赋，没有能够帮助我实现真诚的心愿。它是非常生动的想象的产物，在我日常生活的重压之下，这种想象证明无法产生任何重大的结果。我非常像一个孩子，觉得自己是在和强大的对手搏斗，维护着自已想象中的理想。这孩子越是坚持他梦幻般的努力，他的失败就越会延长。在这样的情况之下，我当然只能提出一些建议，这些建议有时是出众的、生动的，不过整体上来说是无效的。但是，就像你所期望的，以人的精神本性为基础建立的自然教育方法，通常来说，确实要诉诸个体，而且还要诉诸他的精神状态。

产生于世俗和自私的不自然的造作，感官享乐的魅力、模仿的力量、人群的有力影响等，对人的原始本性来说，所有这些都是有害的。另一方面，要素教育的自然过程里面包含了诚挚的目的，还有集中的意图，总是对人的精神本性产生十分有力的影响。它将他从自私观念中挣脱出来，获得解放，让他在感情上容易接受道德的和智力的刺激。当我们用要素教育方法来提高人类的时候，它们可以有效地抵制生活中人为造作的后果和诱惑。当我们对教育表示关心，鼓舞起我们能力的时候，历代智者毫不含糊地和我们说适应自然本性会有多么巨大的效果。无论什么时候，都和没有被损害的人性保持联系，要素方法理论也是这样要求的。但是，不应该用非常完美的空幻观点看待生活，从全面的观点来说，宁可选择从片断的冲击和令人激动的原因来看待生活，任何一次冲击都是一种试图接近完美的努力。

我现在从道德的、智力的和体力的观点，对我们研究要素教育方法对人类文化所产生影响的尝试的结果进行检查，基本的原则永远都不能忘记：生活是伟大的教育者。

"要素"方法与道德教育

要素教育方法理论触及儿童的道德生活，就其整个过程来说，是和儿童的父母和家庭生活所产生的本能感情存在一定的关系的。

有一点是无可争辩的，信仰和爱是上帝赋予的所有纯真道德品质和宗教的基础，它出现于父母和儿童之间的交往，并在其中获得发展。我们不能夸口说，在学校里全部的儿童都从他们的摇篮时期以来就有了经验，不过在道德教育方面，我们的方法还是适用婴幼儿的。的确，这些方法在道德教育方面的运用，要远早于在智力和实践方面的教育。在学会思考、学会活动之前，儿童就已经会爱，会信赖，而且家庭生活也会对他产生影响，并提高他的道德水平。什么是由道德水平决定的，这是我们要进行思考的和做的事情。即使我们的幼儿教育经验十分匮乏，我们还是能够极其自信地说，要素方法简单的程序，让任何年龄的儿童都可以和别的儿童共享他们所学习的东西。这种方法的简单程序已经维护了学校的道德力量，还产生了兄弟姐妹般的情感。我们已经在多少世纪的普通生活里，看到了这种互爱和互信的情感产生的令人吃惊的结果，让旁观者得以确信，我们工作的道路是成功地扩展家庭生活的道德影响，所以让我们可以接近于将我们这个时代迫切而重要的一个难题实际地解决。

"要素"方法与智力训练

在智力方面，我们接受一样的基本原则：生活教育。正如道德教育开始于内部经验——即开始于触动我们感情的印象——所以，智力教育也是起源于刺激了我们感官的诸物体的经验。

大自然让我们的感觉印象依靠着生活。我们所有和外部世界有关的知识，都是感官经验的结果。即使我们的梦，也是从那个源泉来的。感官让我们所有的潜在才能也具备了共同的向前发展的冲动，让我们去看，去听，去嗅，去尝，去感受，去触摸，去行走，诸如此类。然而，我们的听、嗅、尝、感受、触摸、行走等，只有在眼睛被引导正确地看、耳朵正确地听等等这样的范围内，才是具有教育作用的。不管在什么地方，感觉印象只要还没有彻底成熟，我们就无法在其所有感知的意义上理解这一事物，而只能是理解一部分。人的感觉不是教育方面的，它不影响我们的本性能够实现的那种教育可能性。这样的结果无法满足我们的本性，在那个范围内所采取的步骤肯定不会是合乎本性的。正像父母式的本能感情形成了道德教育自然发展的神圣中心那样，智育也一定要从一个中心出发，这个中心能够让感官经验的直接结果彻底地成熟。只有这样，它才是合乎教育意义，也是合乎本性的。显而易见，只有在儿童由摇篮时代开始从早到晚注视着的家庭生活范围里，才能找到这样的中心。在各种物体对象中重复的经验，它们经常的多样的表现，无可争辩地让他们的感觉印象得以成熟和完善。只要是存在家庭生活的地方，这一点就都是真实的。在家庭以外，没有任何一个地方，其物体从婴儿时期起就这样地持久、这样地不间断、这样地多变，还在用种种人类方式感染儿童的感官。再没有哪种感觉的印象可以像这些印象这样，是如此自然地富有教育作用。

第二十三篇
生活教育

　　这里，需要在两个方面进行区分：一方面是人的才能还有
其发展；另一方面是将能力运用在特殊的实践当中。当然，实
际的运用是随着家庭生活环境的变化而变化，但在各种情况
下，好像都是与个体身上已经发展起来的基本才能自发地产生
联系。这些成为实际才能进行训练的基础。由于发展人类才能
的方法原则上在各个阶层还有各种环境里面都是一样的，而让
实际才能获得发展的方法则是多种多样的，这样考虑"生活教
育"的原则，就要从两个观点出发。第一，生活的影响对才能
的自然发展是否有利吗？第二，当它们发展时，生活的境遇是
否教儿童自然地对他的才能进行实际的运用呢？答案很简单
的。即使环境极为多变，生活也在让人类的才能获得发展。这
个不变的规律同样地也是对所有儿童都适用的，不管是在贫民
窟中滚爬的儿童，还是宫廷贵族的后嗣。至于说运用能力，其
重要影响通常都是和多样变化的环境、社会阶层和条件完全协
调的，并且同样和自己个人的特点保持一致。所以，这后者的
影响在本质上跟前者的影响具有很大的差别。

现在我们能够明白，要想推动幼儿感官活动的自然发展，教学艺术应该遵循怎样的路线了。令人注目地并且命令式地将儿童的注意力引向家庭生活中各种感觉得到的对象，这就是这条路线的职责。这样，他们所接受到的，就是教育这个词的最佳意义上的教育。简而言之，训练感官经验的要素方法就是心理学方案，目标是激励先天的自我发展。它们表示一种努力，即通过对儿童的鼓励，将注意力集中到物体对象上，从而让感官印象发挥教育的作用。

词与事物

我们的记忆里，仿佛它们乃是真正的知识，或者是真正的获得知识的手段，甚至有时既没有事物的感觉，也没有事物的经验足以为它们的意义提示线索。显然，我们这样就背离了"生活教育"的原则。我们为神圣的天赋的说话能力播下了矫揉造作的种子。我们正在将无情的虚伪和肤浅的种子播撒下去，这应该是盲目的傲慢自负的问题，而这正是我们时代的特征。

在这方面，"生活教育"原则主张说话能力是一种通过感官经验获得知识的手段。它从需要称呼已经注意到的物体对象开始，并随着物体经历的变化而获得提高。我们越是拥有对物体广泛而熟悉的感觉，说话才能就会拥有越广泛而确切的自然基础。相应地，每个儿童的说话能力，对他的感觉是否能够广泛而精确地熟悉各种事物十分依赖。如果没有这个，那么教师首先要将这个缺陷补足。

学习母语的自然进步和由此产生的教育优势，为他对周围事物感官上熟悉的程度所限制的。正是因为儿童需要在多年之间、多样地接触周围环境中的物体对象，才可以得到它们的清晰概念，所以，要让他自己可以将那些物体对象精确地表达出来，是需要许多年的时间的。再者，这方面的自然进步，也对不断地、多方面地迫使他感到有更精确表达的需要十分依赖。进一步学习母语，扩大和加速他对事物的直接知识是唯一正确的、符合自然规律的方法。

说话的外在表现形式，也就是各种声音本身，如果不和赋予这些声音以意义的经验直接地联系起来，就是空洞的，也是没有用的。意识到和经验的这种联系是它们真正地成为人类的声音的前提。作为最开始的准备，儿童从口语当中听来的字词，在很长的时间里都只是机械式的，然而，只要是和教授儿童阅读课程有关的人，都不应该忽略这种为学习阅读所做的机械准备。对于幼儿来说，他听到的字词只是逐渐地变为有意义的，在很长的时间里，像铃声、动物的叫声、锤子的撞击声以及大自然里的所有别的声音一样，它们只是形成他的感官印象。不过这些声音对于语言训练具有重要的意义。这种印象本身和他的听力共同的、一点点地变得完善。当听力逐渐完善时，他的模仿声音的能力也渐渐地发展了起来。现在，孩子可以学会发出一些单词的声音，他并不知道这些单词的具体意义，然而，他用这种方法，非正式地学会了比在另一种情况下更容易、更牢固地掌握词的意义。

在对儿童的说话能力进行培养时，要素方法限制了运用大自然无秩序地置于儿童感官面前的各种感觉印象，但是，却沿

着适合于儿童才能和要求的确定路线，让这个自然过程得到了
扩展。

这是一定的。训练儿童的观察能力，有一点是必不可少的，
那就是为了发展儿童所需要的知识，儿童一定要对周围环境范
围内的观察目标有充分的了解，不过不应超过他所要求的范
围，以致让基本的认识模糊或者迷惑。学习语言同样也要这
样，在他将要学习阅读的范围内，一定要充分地理解其所处地
位的要求，不过也不能扩展得太远，导致他将语言能力和实际
生活之间的关系弄混了。对发展和培养人类其他能力的各种方
法来说，这个观念也是同样适用的。

那些最穷的孩子，他们的地位和环境是最狭隘的，这些你
们可以想象得到，即便是他们的教育也决不能在这条自然的要
素方法路线上走得太远，如果我们对基础的真正牢固比较关心
的话。我们不能将他们训练成太温和的、太智慧的和太积极勤
劳的人；但在训练他们把这些能力付诸实践运用时，我们一
定要从照料他们的那一刻起，就将他置于符合实际生活要求
的范围里面。实践只有以这些要素方法为指导，才能在儿童
运用其感官获取知识的训练以及谈话的训练中，维护其原则
精神。

教育，甚至在训练儿童的最开始的阶段，甚至努力地发展
他们的说话和感觉才能时，绝对不要挡了生活需要的路；绝对
不要追求教给孩子并不适合他的生活的事物或字词，这有造成
家庭和学校之间分歧的可能——而家庭和学校这两种社会机构
通常是要保持协调一致的。教育绝对不应该让儿童对所处的地

位不满或者不适应，不要在儿童和他的生活之间制造分歧。

才能的发展与才能运用训练的差别

接下来，是承认这种差别的重要性，即对遵奉大自然培养
人类才能和遵奉大自然培养其实际应用这两者之间的差别的重
要性予以承认。发展才能的要素方法和训练才能运用的要素方
法之间的不同之处，和培养语言、观察、思维和艺术才能的计
划一定要适合社会多样阶层生活范围有密切的关系。这两个紧
密相连的方面的差异表明，在早期教育的阶段，在发展才能的
方法和训练实际熟练技巧方法这两个方面，一定要紧紧地跟随
大自然的进程这一点是多么的必要。

教授外国语的方法

世界和平和所有阶级的真正幸福，都取决于对这一真理的
认识。社会生活的神圣联系将会由于误解这一件涉及家庭和公
共教育范围的事情而被削弱。我可以进一步说明一下。获得任
何一种其他种语言的"自然的"方法，和学习母语比起来，就
像我前面提到的，一定会运用本质上有区别的方法。这些方法
在于简化过程，把已经熟悉其意义的母语声音变为还不熟悉其
意义的另一种语言的声音。

从心理学的角度来看，如果这一转换的过程遵循大自然的
规律，虽然和通常使用的人为的常规过程不一样，但还是会发
现是非常容易的。经验告诉我们，它依赖于下面的格言："学
习说话（至少在一开始的阶段）并非一个智力训练问题，而是

听别人说话，并试着自己说话。"语法规则的知识只不过是一种检验，检验学习说和听的自然手段是不是已经有了令人满意的效果。语法不是学习说话的开始，而是按照心理学合理安排学习说话方法的结果。然而，很久以来，将这种关于说话的一般理论运用于学习外语的问题都被教师们忽视了。这一智力性更明显的工作（即学习语法）一定要推迟到说话已经具备了掌控自如的能力时。语法规则能将已知的东西表述得更加明确。对于活的语言，这种看法有时是可以获得承认的——它应该永远如此——但是对于以往的、那些已经废弃的语言，则拒不接受这种观点，并且为了证明这种看法，有人和我们说，在已废弃的语言的教学中，即使没有常规的教授初级知识的方法，教学却获得了现在足以让我们震惊的良好效果。我们还听说，在它的更高级阶段，它已经遵循了会为心理学家所赞成的路线。虽然可能是那样的，但有一点依然是真的，即在古代语言的较低阶段的教学，不管是从心理学的角度出发，还是从机械学上的观点来看，都无法认为是令人满意的。在较高阶段的令人赞美的工作中，缺乏适当的心理学或机械学逐级打好的基础。这一点我可以很确定地说，现在古代语学习的初级的常规过程，是悖逆了大自然的进程的。这些话会遭到人们怎样的不满，我很了解，这些不满来自那些并不了解古代语言并且并不具备教授这种语言所要求的经验优势的人。

但是，一方面，我承认我没有评判较高级的教学的能力，并且甘愿认可这种教学中发生的任何一件事。在另一方面，在我看来，就是这种对语言教学常规过程的极度无知，促成了我去对教学方法进行简化，通过引导这些方法与大自然过程进入心理学上的协调，并立即让它产生效率，并取得丰硕的成果。因此，我说，我的无知已经从一个方面帮助了我，让我可以更加彻底地研究学习过去语言的自然简化过程，还有这个过程当中的心理学和机械学的基础，这和我在最好的常规形式下早已完全地熟悉古代与现代语言之后再去研究它相比，这样很可能是更为有利的。

我很快就懂了，以简化的数与形的教学为基础的智育方法，如果不结合同等有效的简化的语言教学，就是不够完善的，是一条不会产生有效教育结果的路线。而且，因为我目前完全不能亲自来对数与形教学的方法进行改革和推广，也就不曾具备这方面必要的经验，因此，我将所有的注意力，都投到了处于基本而系统的感觉经验训练和思维能力训练这两步里面。我唯一的要求，就是要影响语言教学这部分中的初等教育理论的改革。

语言教学的自然方法，本质上就是发展和训练说话能力的自然方法，所以和发展感觉经验的自然方法有着非常紧密的联系。实际上，它是在后者和训练真正的思维能力的自然方法当中构成一个中间阶段。因此，在智力上受到激励的感觉活动和思维能力之间，语言教学形成了一个必不可少的中间环节。

让这种中间环节得到发展的手段，在它的最初阶段一定要机械化。这是必由之路，而且，说话的能力就是调节感觉活动印象，让其对发展思维能力的需要适应的机制。

感觉、说话、思维，这三种能力被视为发展所有智力的手段的总和。智力的起源就是分别地在感觉和说话的自然发展的连续阶段以及思维里面发现的。发展感觉能力的方法和发展说话能力的方法之间的相似性，为这一观点提供了强有力的证实。

发展感觉经验的方法，是从真实的物体对象开始的；对它们不一样特性的认识和它们不一样的活动，构成了这种能力的一种有效的训练。和这个相适应的，练习说话的基本方法，首先是名词，然后是形容词和动词，这样发展感觉经验和训练思维能力之间的关系就形成了。

语言教学和生活的联系

"生活教育"这一伟大教育原则的主张，在发展感觉经验这个领域可以得到极大限度的应用，而将它应用到发展说话能力的时候，它也具有一样的真实性和重要性。我们可以这样说，当我们就其地位而言，将说话才能视为发展感觉经验的方法和发展思维能力的方法间的中介物时，它具有的真实性和重要性是加倍的。

如果是在儿童正学习说话时进行说话的基本训练，那么一方面要遵循支配语言发展的规律；而在另一方面，则要考虑孩子们的很多的不一样的境遇。学会说话并非语言教学的结果，而语言教学却是能够说话了的结果。

但是，说话和习惯用语的形式上的差别，不是由语言能力应当发展在方式上的巨大差异所决定的，而是由条件、环境、境遇等的差异，以及起着决定因素的个人才能的差异所决定的。在一种情况下，这些事情自然地让学习语言的范围得到了扩展，而在另一种情况下，则自然地让它受到了限制。这一点对整个阶层和个人都是适用的。

正像在感觉经验的对象与用来培养智慧和实践能力的方法方面，农业劳动者比专门职业或商业人员受到的限制更多那样，在另一方面也是这样的。这些同样的对象和方法，对于城市里的职业的和商业的人员来说，比起接受过文化教育的从事知识工作的人，特别是比起环境让他们不用顾及收入、不用顾及维持家庭的经济地位和各种关系的人来说，受到的限制会更多，还会伴随着约束和自我牺牲。

人类社会中这些不同阶层的无法否认的现实及其重要意义，让这一点显而易见：家庭和学校两处的语言教学，一定让人为的帮助和人们现实生活和不同社会阶层的实际基础保持协调。只有用这种方法，语言教学才可以被认定为和大自然一致，被认定为对人类的真正幸福有益。

所以用于对说话能力进行训练的方法，作为一条普遍规则，一定要在这些不一样的阶层和等级中采取不一样的组织形式，一定要在各自的情况下，让这些地位的人员需要得到满足。但是，无论是什么情况，训练的方法都不应该成为获得幸福和安宁的阻碍。

训练说话的方法，一定要和用来训练感觉经验的事物保持联系，和培养道德、智力和实践能力的事件保持联系。如果语言教学跟它们和谐一致，它是不可能产生不好的影响的。

农民的孩子和整个没有土地的农业劳动者阶级，他们的语言教学一定是学习将自己的职业、责任和关于环境的不得不做的各种事情准确地表述出来；他们也一定可以很自然地、很朴素、诚实、热情地，将生活中那些令人振奋、陶冶性情的事情表述出来。祈祷的真诚语言可以在最底层居民的茅屋方言里学到。在儿童年龄阶段特有的快乐精神中，他们说话的运用能力必须要和他们的感情生活相符合，正如他们的感情生活可以让他们对周围环境里有利的条件进行充分的利用一样。然而，劳动的辛苦是他们人生的命运，他们的语言学习绝对不要引起可能损坏他们的幸福和福利的兴趣。因此，他们的语言学习不应该能让他们形成没有用的饶舌习惯，这一点很重要。他们应当学会在深思熟虑之后再说话，把说话和思考联系起来应是绝对的要求。

一种非心理学化的说话训练方法非常容易产生饶舌的倾向，这是非常有害的，尤其是受害的是那些靠着卖力气挣面包的人们。教育应当让人们秉承着虔诚和道义来从事自己的工作。我们现在这一代自称是有教养的人，然而，我们是不是尽力保证了那些应当用在直接需要的重要事情上的时间，没有被浪费在无用的说话技巧上呢？

当然，手工业者和职业阶层，包括那种因为财产和产业利益的缘故而属于这个阶层的土地所有者，需要的是一种更为广泛的语言训练；不过，这种语言训练也一定要以实际生活为基础。

公民的荣誉和幸福，还有手工业者、商人和职业阶层中恰如其分的正直的主要部分，过去经常表现出他们在日常生活里受到的高级语言训练——比如在他们看的书里——这是和农村居民总体上享受到的机会相比较来说的。

教堂的赞美诗和一部分属于他们行会和社团生活的歌曲、作坊小调等，可以作为表明语言才能的发展是和他们的生活协调一致的明证，这些歌曲让他们的灵魂深处都有所触动，又不会对他们的社会满足感构成妨碍。所以，我们一定要保持前几次提到的自然原则。现在，我们教给他们大量的关于事物的词汇，这些词汇不仅没有用的，还和他们的普通福利没有关系。相反，那些和他们的道德的、家庭的和公民的福利的真实需求有关的词汇，我们所提供的却很不够用，而且还是每况愈下。甚至从我的儿童时代开始，我们就渐渐明显地不重视这个了。

市民阶层需要市民阶层的语言，这种语言是以他们现行生活实际为基础的，并且非常适合激励市民的利益。这种语言我们无法提供，因为——至少在我们的许多城镇中是这样的——并没有这种市民的生活，并且，只要是这样的情况，就不可能产生市民的语言。

市民阶级所需要的语言，既不是良好的风度，也不是那种下流的风格，它们和真正的市民生活并没有什么联系。事实是，它们和这一阶级公共的和私人的福利是直接对立的关系。我没打算讨论市民阶级通过经常身处市里的大型舞会、剧场和娱乐场中而受到的语言训练，也没打算讨论那种通过读书团体或其他类似的公共活动所获得的语言训练。

正像市民和农民阶层一样，职业者和较高阶层从这一现代精神那里获得了很多的帮助。

我们仿佛能够这样认为，较高阶层的人一定是因为会说话，而去学习思考和生活，而不是生活逼着他进行说话和思考。这样就有了一个问题，即相当于实际上将能力训练和真实情境有关这一点给丢掉了，而实际情境，其实是说话、思考和生活的自然基础。感觉、说话和思考能力的实际训练已经没有了动机。

在个人训练中，必然会出现巨大的缺陷，而且到了关键的时刻，有的能力应用起来就体现出了自身的不足，那么，过度运用能力又有什么用呢？没有经过训练的能力、恶劣的训练和不自然的训练，从其产生的影响的角度看来，比完全没有能力还坏。

我并没有对自己的思想过于自信，但是我要说服上流阶级，对这个观点进行严肃的考虑。他们的尊严、福利、独立性以及所有下层阶级的福利，都是和这一问题有关系的。

在上层阶级里面，扩展、加强和加速其文化能力的需要，实际上和让下层阶级的知识和语言能力与他们的实际需要保持协调一致的迫切程度是一样的。将那些多余和没用的甚至是有害的和不利的知识教给他们是彻底的错误，尤其是在它伴随着对实践能力的培养的轻视时，不用说，它助长了肤浅地思考和判断问题习惯的形成。

儿童怎样学习说话

现在让我们回到发展语言才能的自然方法的问题上。一个儿童如何学习说话，他如何提前为此进行准备呢？从他们出生开始，他就留心各种声音了，这些声音进入他的耳朵，和各种物体通过视觉感官或者别的感官进入他的意识是一样的。通过感官，将感觉环境中的各种物体带入到意识里面，感官的训练和说话器官的训练产生了紧密的联系。

在早期，儿童就从内部感到具有将所听到的各种声音再现出来的能力，而且和各种别的人类的能力一样，这种能力越来越活跃，并在本能的帮助下，这种能力得到了运用。虽然不那么容易观察到，但是各种说话器官通过运用，的确是越来越强了。

儿童的发音多种多样，有一种是他天生就有的说话能力所发出的第一种声音，这就是不需要学习就会的哭喊。其次出现的声音，和跟人类说话的清晰声音并没有什么关系，倒是和各种动物的声音很相似。这些以单纯本能的形式发展的声音，是由相关的器官挤压出来的。它们和周围那些人发出的声音之间不存在联系。只是在几个月以后，这些声音才开始可以察觉到和我们字词中的元音、辅音有一定的联系，同时开始接近于我们总当着他们的面说的一些音节和字词的声音。从这时起，儿童开始对母亲和他说的最容易的声音进行模仿。对他而言，学习说话是一件越来越容易和高兴的事情，并且，他获得的进步，通常都是和他在家庭生活和周围环境中不断练习的感觉能力的培养存在联系。

字词与事物的关系

这样我们就知道了，真正对人类所谓的说话才能进行训练并获得进步的，是生活本身。我们一定要充分地利用生活提供的所有发展变化的手段，这样才可以确保提高是和谐而一致的。如果在语言训练方面顺利地取得了进展，那么智力的训练，感情的训练，工艺和技术的训练，都应该遵循大自然的顺序进行发展。如果将这些训练视为一个个孤立的单位，那就意味着已经偏离了自然的原则；也就意味着正确的真正的发展我们才能的手段已经被人工的设计取代了。我们让儿童在能够说话之前就看书，并试图用书作为工具去读；强行阻碍他们对各种实际的事物——这是说话的自然基础——进行熟悉。我们还在用一种最为不合理的方法，让一点生气都没有的字母表作为他们感觉经验的起点，而不是那些和大自然自身相一致的、第一手的、生气满满的感性经验。人在其充分成熟到拥有阅读书籍的理解能力以前，一定要可以充满信心地、正确地叙说许多事物。然而在这些年月里，追求技巧的外表超过了追求技巧本身所有真正可以培养才能的手段，都因为日益相信那荒谬的发展的方法而被视为一点价值都没有了。

假如我考虑到学习说话方法就像它实际产生的那样（这才是语言训练的真正基础），我将会看到，幼儿从他的身边环境里听到了大量词语的声音，一开始他一点都不懂这些词语的意义。经常重复的这些声音也会对他的听觉形成影响，渐渐成为他所熟悉的东西，并且，他可以对这些声音进行熟练的模仿，而不用去理解或猜想它们的意义。这种通过耳朵获得的、过早的、无法理解的知识，和这种重复说话器官的技巧，乃是真正地培养说话才能的基本准备阶段。

在熟悉了表示事物意义的字词之前就对一个事物的概念进行了解，这一概念就这样在物体自身将观察和名称联系在一起的那一刹那，深深地写进了儿童的心灵。所以，应该让儿童习惯听主题多样的谈话，尤其是听关于他的家庭和近邻的谈话，这在语言教学中，是特别有利的条件。听别人谈话，对语言的所有方面都会产生影响。儿童通过这种方法，不仅熟悉了大量的词汇，并且几乎不会意识到自己是在学习新的事物，他还掌握了词类变格和动词变化的形式。这可绝对不是一件小事。总而言之，当我放下这个问题，也就是支配语言机械化发展的自然规律问题，并且追问大自然是怎样来发展语言的深层的精神方面时，我发现，语言训练和经验的自然发展存在内在的关系，并每一步都和它保持着和谐一致。一开始，每一物体被理解为一个个别的单位，而且对多样物体的各个部分进行个别的认识和分析，这个过程过于缓慢。时间和环境多变的条件，在有理解地和有联系地进入儿童的清楚的意识里以前，偶然地、不系统地对他们的感官进行着影响。如果在语言发展的过程中，大自然任其自由发展的话，那么这就是它所遵循的路线。命名一个事物，并不会将其组成部分或多样性纳入考虑。随着时间的缓慢流逝，就又来到了一个阶段。在这个阶段里，这些组成部分就会被细致地考虑，这些细节也会获得命名，最后，儿童自己可以将那些随着时间和环境而变化的特性精确地表述出来。教育的基本制度和所有方法，都是建立在这个基础上的，它规定，语言教学应当完全遵循大自然发展儿童才能的计划进行。即使稍微偏离这些原则一点，它也就马上不是基础教育了。在这种方法之下教育出来的儿童，在他具有知识之前必然不会饶舌，也不会在缺乏第一手经验的时候去谈论一件事情。如果在语言训练上获得的进步是全面的，是真正的（包括两个方面，精确和广泛），那么，它自然是按照这一过程进行的，并且只有以这个为基础，它才有形成处在经验和思维二者之间必要的中介环节的可能。

语言教学的艺术为发展过程中的经验和思维二者提供了中间环节。培养第一种艺术要早于培养第二种艺术。如果前面没有一种合理的综合的培养经验，那么发展思维才能的方法就不再具有自然的基础。

显而易见，我们用自然方法对小学生进行教育，他语言训练的结果是，一定可以精确地将他周围环境的感觉印象表述出来，如同那些感觉印象曾经深深地刻在他脑海里一样。除非学生在语言学习里达到了这个阶段，否则经验和思维当中就会出现空白，而要想补救思维发展的差距，只能靠发展他的语言能力。

外国语

按照心理学的观点，上面说的这个问题是语言教学的一个难题。这一难题的解决让我们可以论述另一个问题，也就是外国语的教学问题。是否存在关于这一教学的普遍方法呢？所有都是依靠对这一原则的认识，即经验通过语言导入思维——先是经验，接下来是语言，最后是思维。一定要将母语的发展过程牢记于心。

儿童对母语进行学习的方法是所有语言教学的原型。从母语到现在用的语言，然后再到过时的语言，自然的过程就是这样的。因为，如果想真正理解过时的语言，儿童一定要通过学习现在用的语言来获得关于事物的第一手知识，和他首先要明白和理解的那些事物相比，这些事物和他的实际生活的关系要密切得多。

这些原则为理解和掌握一种外国语的普遍方法打下了基础，但是，在任何一种情况下，实施起来都需要借助于机械化的和心理学化的教学计划。我们一定要将多少年来经验已教给我们的此类计划充分利用起来，同时将这些计划与我们所知的大自然自身的程序紧密结合。那些大自然留给自己的、受到婴幼儿还没有完全发育的感觉和器官的妨碍的东西，完成起来是缓慢的、不确定的，也是不够完善的。教师要在掌握一种语言的自然方法基础上，遵循着次序地对教学计划进行安排。这只不过是系统地给予大自然单独无法实现的事情的一种力量。当然，这些教学计划在心理学上是正确的，这一点是适用的唯一前提条件。

所以，比较充分地认识学习母语的自然方法，是让学习其他语言容易起来的所有计划的真实的源泉。

儿童语言中的语法

我们再来细致地分析一下儿童怎样学习说话——这就是说，考虑一下在家庭里面，母亲和儿童之间的关系。本能在这里是占有优势的，当社会的要求将母亲的自然地位攫走时，母子之间的关系就表现为学习说话并日益完善的自然进程。但是，时代败坏了原始的母性力量，结果是往后的所有语言活动都被损害了。儿童说话和经验没有什么关系。要素教育方法理论的重要目的，就是要去探索怎样才能避免这种已经造成的错误；最重要的是，探索充分地利用家庭生活的可能性。首先，让母亲们掌握合适的手段，其次，对儿童进行训练，让他将新获得的技巧分享给他的兄弟姐妹们。

儿童学习识别各种食物并学习怎样称呼它们；然后，认识它们的特性和活动——这就是说，他从学习各种对象开始，然后学形容词，接着又学动词。随着时光的流逝，他非系统性地学习这些字词，虽然他们是间歇地获得进步，但这些字词总是可以从短语里学来的。上下文可以让儿童掌握字词的意义和字词之间的关系。因为短语可以传达意义，因此学起来要比孤立地学字词简单得多，当然，在分散的短语中个别的字词，儿童只能是不完全地理解。儿童学习这些字词的同时，也是在学习语法的变化。

那些在形式上没有出现变化的词类——介词、连词等，利用通过精心收集的例句，可以被深深地印在儿童的心上，所以对其他方面的缓慢的自然进程是有帮助的。这种情况尤其符合我们的初等教育计划。

新语言学习中的语法学习

虽然在儿童获得了实际运用语言的能力时，自然要将语法介绍给他们，然而他们练习说话的这些能力和别的能力时，并没有教他们一点语法。学习外语恰恰就是运用的这个原则，尽管流行的教学实践已经把它给忘记了。那些并没有受教育经历的人，在教语言时用的却是这种正确的方法，这事情多么的奇怪！将一个德国儿童委托给一个法国仆人照顾，如果他使用不断谈话的方法，就能够迅速而有效地教给这个孩子法语。他自己可以迅速地将他周围的事物从容地表述出来，无论它们的逻辑顺序怎样，儿童毕竟获得了多年的学校教学计划所无法达到的结果。这位仆人使用的方法是自然的，所以是优越的。

即使是这样的情况，一个人身在异国他乡，那里除了他，再没有人会说他的语言，这也是可以说明我的观点的。客观需要逼着他像学习自己的母语那样，去学习外国语。在他对这些外语的意义有了了解之前，他识记了它们的声音，而它们的意义与能力也就有了。我自己的经验也可以进一步地证实我的观点是正确的，虽然在很长的时间内，我们没有能够像教母语那样，将这个原则运用在别的任何外语教学里。

不过，我相信它是可以应用到外语教学里的，而且也相信它可以代表获得一种语言的程序的典型模式。我们已经在德语（母语）和拉丁语方面开展了这项工作。

语言是感觉经验与思维之间的中介

接下来我们不说这一课题了，还是回到感觉经验与思维的关系上来。如果一个人的感觉经验不是特别混乱，他就可以自动地找到他生活中各种事物的清晰的印象。但是，清晰的感性认识并不能让他感到满足。他又努力将它们组织到一个较高的思想系统里。通过将他的各种感觉经验带进他所寻求的关系中，他想要得到确定的观念。他对它们进行互相比较，为它们赋予逻辑顺序，判断如何来利用它们。对他而言，这些都是自发的，而教育者却始终试图将这种自发性转化为简单的规则，并让它不会产生错误。不过，他们却已经走入了迷途，已经偏离了组织感觉经验的基本工作，不再有分析、比较的细心实践，取而代之的是教逻辑思维的规则，当然，这相当于把车放在马的前头。只是对那些已经能够清晰思考的思想家来说，系统的逻辑才是有用的。无论学生们如何长时间地运用它，它反而已经失去了真正的意义。它是无力的、有害的，并且是不会有效果的。

发展思维能力的练习一定要和生活本身的方法相符合。正如人们是无法通过谈论道德，就成为有道德的人一样，不通过实际的思维，他们是无法学会思维的。要素教育体系将形状和数目视为从简单的感觉转化为实际思维的简单而自然的准备。要素教育运用形与数于那种目的之中，并将它们视为展露并训练人们抽象能力的合适基础。

但是，我们一定要清楚地懂得，形状和数目的教学方法，并非目的在于简化算术和测量的一系列机械式的练习和人为的设计。我们不能采用乘法表或者类似的表格来开始进行数目的教学。这类工作，要求具有归类、分开和比较感觉对象的能力作为基础，同时，我们也不愿将正方形数词关系表抛弃，而采取别的纯属人为的设计。在任何一件事情上，我们都依靠人的自然的意向进行思考。人一定要学会好好思考各种呈现在他感官面前的事物，自己来归类、分开和比较它们进行。当他这样做了，就会产生计算的能力和测量的能力，这种能力仿佛自然而然就产生了似的。我们的方法将重点放在这一项早期工作上，绝对不搞任何的机械式的窍门和简略化，这些东西在初级与高级的实践算术之中十分流行。在儿童可以适当地处理那些能够测量和计算的多种对象之前，他必须通过一系列抽象形式的练习，学会数量和测量的一般原则。

想要实现成功，所使用的设计一定要和自然相符合。这就是说，它们一定要是"基本的"；它们一定要是小心翼翼地被分成渐进的、不露缺陷的序列，从最简单易懂的基本原理到独立的计算，甚至引导到简单的代数和几何的问题。

这样说的意思并不是一切社会阶层的孩子都要去学习代数和几何。不一样的阶层，甚至不一样的个人要求不一样程度的造诣，需要高级数学知识的人是很少的。如果只让那些表现出有非凡能力的人，和那些不依赖于他的阶层的人来尝试那些较高级的工作，那就是一件真正的好事。这种情况是一种特殊的职责。对超常的才能应该给予所有可能的机会，而且，最重要的是一定要进行正确的引导。不过即使是在这里，生活教育的原则也一定要得到承认。我们一定要小心，不能让孩子的实际的或潜在的环境失去和谐。他的生活幸福是要放在首位考虑的。我们要给予优异的儿童爱的关怀，这和这个原则并不冲突，相反还是在强化它，也不是数学上的能力和任何其他方面的能力不一样。

数学训练一定要和儿童的一般智力进步保持严格的联系。

不能强迫他们专门化，方法一定要和他的自发活动相适应。

虽然儿童自身具备分析与综合思考的推动力，但这并不意味着，我们可以对其发展听之任之。我们一定要对他进行引导和激励，通过精心设计的方法，既要将知识传授给他，又要他可以自力更生。就像我们已经指出的，组织他的感官经验，进行关于数目和形状的教学。

实践的技巧

接下来我来说一下实践技巧的问题。和所有别的人类才能一样，这种技巧也在孩子的身上生出萌芽。唯有通过练习，才能发展成熟。虽然它非常依赖于感官和四肢的实际运用，但是它的进步和心智的生长有直接的关系。关于这一点，我们所做的所有事情都是有益的。内部和外部的因素一定要永远都保持密切的联系。

灵魂、生活，就像它们组织感官经验一样，它们构成了实践技巧的真正的实质。外部的计划要求的是组织。我们需要四肢的和感官的基本训练课程。各种练习一定要与实际情况的特殊性质相符合——那些为训练感官的练习要和他们的身体素质相符合，那些训练四肢的练习应该符合那些支配着有控制的获得的各种规律。

像一般的那样，儿童内部存在活动的动力，但是教师一定要将它激发出来，并对其进行引导，让它沿着正确的轨道发展。如果他遵照了这个"基本的"原则，他就能够运用一套渐进的练习方法，迅速而有力地对儿童进行训练，训练他们的耳朵去听，眼睛去看，还有嘴巴去正确地说话和唱歌。训练四肢也是一样的道理。

心理的契机

儿童自己的冲动会引发自由活动，教学不应该急着进行干涉。只有在儿童已经做好了准备的时候，我们才能向他们提出一些要求。当他已经觉得"我现在已经会做那件事了"时，我们才能要求他去做。我们应当允许儿童拿铅笔、粉笔或者炭笔等去画各种直线和曲线，而不要对他进行干涉或者纠正。只有当儿童完全是自愿地开始模仿那些容易的字词、开心的声音，以变化为乐事，并且可以相当准确地表演他的随意动作时；只有在他受到了刺激，去模仿各种各样的字词和声音，这样他的动作越来越正确，又越来越多样化时，他才会出现这种想法："我亲爱的妈妈会帮我将我非常想做但是又做不好的这件事做好。"到了这时，才可以用自然的方法向儿童提供教学，并且也只有这时，才应该提供给他。在实践教育的所有领域，其程序的方式都是一样的。

一切"要素"方法都是依靠连续的不间断的步骤，从最简单的基础发展到较高的知识分科。知识在向深度和广度发展时，内部同样也保持了和谐。

任何实践艺术的训练方法的一部分基础，都是原始生活的感官需要，还有一部分是艺术本身的特点。建筑学上取得的较高成就，也是从对原始人的小茅屋进行装饰开始的。如果人类不用抵挡风寒，也就不用建筑宫殿。如果我们没打算尽快地从河的这一边到达另一边，我们就不会出现造船学。如果没有这样的境遇，我们都不会发明"建筑学"这个词。

如果我们的原始需要得到了满足，我们在这个过程里得到的能力，就会自发地用来提高艺术本身。如果教学计划继续和历史起源保持和谐一致，这种新的活动将会在教育上发挥很大的作用。从另一个角度来看，如果遗忘了艺术的实践基础，而将全部的注意力都放在发展艺术能力的浮华外表上，那么教育的这一方面一定会丧失用途。它将再也不是力量的源泉，而成为缺点的根源。

较高的艺术训练一定是从属于生活的实际需要的。的确，只有以这个为基础，较高级的训练才有繁荣兴旺的可能。在任何情况下，艺术的才能都主要是依赖全面的五官训练。当然，完善的经验同样是必不可少的。

第二十四篇
实践技巧

　　在智力方面，艺术才能也要求对思维能力进行训练，要求有数目和形状的知识，还有有效的语言才能。在"要素"路线指导下，他已经学习了测量、计算、绘画，他已经打好了实践技巧的智力基础。接下来的工作，只是对他渴望掌握的专门艺术所需要的外部灵巧进行训练。这对音乐与绘画两者都是真实的。所有机械式的灵巧的训练过程，都得经过四个阶段：第一，关心正确理解其形式；第二，能够将它们复现出来；第三，进行微妙的表演；第四，对它们进行自由而独立的运用。经验告诉我们，这一点对于书写、唱歌、绘画以及演奏钢琴而言，都是真实的。

实践技巧和生活

　　如果儿童已经掌握了形状和数目要素，那么他们也就具备了履行其家庭和职业责任的智力基础。但是，和穷人阶级相比，丰富的原则更不适用于富人阶级。穷人阶级家的儿童，从摇篮里就开始了生活所需要的机械式计划。手工业者的孩子通常都可以亲切地接触到他们父亲的劳动，并在这里面获得巨大的启发。他们参与到劳动当中，并掌握了许多仔细的技能。但是，这种机会在富有的阶级中却是不可能有的。他们的孩子会说："我们是富人，我们用不到这些东西。"他们从来都没有想过要帮助自己的双亲，以此来减轻生活负担，也不觉得一切幸福的果实都是与这种想法相联系的。啊！对于那些只会羡慕富有邻居的人们的孩子们而言，也是一样的情况。

我们得将富家儿童教育中的这个缺陷填补上，将他们从现在的社会罪恶里挽救出来，让他们也应用现在用在贫穷儿童教育的原则。

我们是想对一切阶级恢复双亲式的兴趣和双亲式的力量。在我的童年时代，我总会听到，有的父母从男孩子的幼年起，就培养他祈祷、思考和劳动，这已经是接受了一半的教育了。事情不能再真实了，这其实就是我们心目中的"要素"教育的目标。它是一种心理学手段，帮助大自然发展我们的体力、智力和道德力量。在观摩了一堂数目教学课后，一位明智的来访者这样评论道："这不是知识的问题，而是能力的问题。"他们的评论，将这种见解和"要素"方法和所有别的方法之间的差别正确而清楚地表述了。

这种方法对我们的知识和技巧的所有领域都是适用的。每一知识和技巧部门都有其特殊的性质，和其他部门不一样的。传授这些技巧的教师当然一定要具备专业知识和其所包含的特殊能力。他不仅一定要完全熟悉才能的"要素"训练，而且也一定要完全熟悉要介绍给学生的特殊部分的知识或艺术。这并没有看起来的那么难，这是因为，当教师意识到为了教学的目的，必须要谨慎地把所教的科学分成渐进的等级时，他也将认识到，在原则上，"要素"方法与他的从初步开始教学的需要是相同的。所以，他也一定会认识到，他的科学教学工作的目的和范围是由生活教育的原则所决定的。

只有在这样的时候，也就是对社会各阶级的环境和需要给予应有的注意时，我们才能够确定，我们的教育方案为民族文化作出了贡献。如果留心观察这一点，就会发现它对上层阶级、对所有需要高等科学教育的职业者都将产生好的影响。一方面，它为他们的职业提供充分而适当的训练；另一方面，它让他们具备了追求和运用自己的方法从事专门研究的能力。

它对手工业者和劳动阶级的影响同样，也是令人愉快的。如果国家将其采纳为制度，那么它一方面将让那些有野心的人冷淡下来，那些人尽管非常适合他们的特殊地位，但是完全不适合任何一个高级的职位；另一方面，将会让那些具备特殊天赋的人在他们的行业中发挥力量，以获得他们自己的和公共的利益。

感官经验和高级劳动及自然界历史的关系

要考虑感觉经验的基本练习，并利用语言的练习，让它过渡到严格意义上的思维。如果感觉基础是健全的，是充分的，我们就可以领导我们的小学生，通过循序渐进的步骤，让他们获得明确的概念。我们在数目与形状教学的课堂上对他们进行引导，学习抽象思维，逐渐为科学观点的掌握铺平道路。可以考虑将自然界的历史作为一个范例。不管如何限制一个孩子的经验，他也一定会对半打以上的哺乳动物都很熟悉，就和熟悉很多的鱼、鸟、昆虫、两栖动物还有蚯蚓等一样。如果他从摇篮时就开始学习认识它们，并了解它们的主要情况，或者他已经掌握了清楚地表述它们，就像"要素"方法教给他的那样，那么这个孩子就已经获得了动物学家、鸟类学家等人的自然的、可靠的观点。如果拥有相应的环境，他就可以从事这类研究，并获得相当多的成功机会。别的科学门类也是同样的道理。的确，如果要素方法并非意味着这些，它就是没有用的。它的价值有一部分依赖我们自己，也有一部分依赖环境，而这种环境绝对不会是一点意义都没有的。任何一个儿童，只要已经掌握了如何对在静止和运动状态下的水，或者水的多种形式——露水、雾、雨、雪、蒸气、冰雹等——进行细心的观察，还掌握了对水对别的物体的多样作用进行观察，并可以清楚地表述它们，那么，他就已经具备了物理学家观察事物的方法的基础。和这个类似的是，孩子们如果也熟悉了这类现象，如糖和盐的溶解，蒸发和结晶过后它们又恢复了原状，大理石变成白垩，打火石变成玻璃，这就很好地为科学地研究这些事物打下了基础。这也就和一个农村的小伙子对茅屋有了透彻的了解，并可以描述它们的细节，细到像要学习怎样去盖茅屋一样。如果这个小伙子具备了才能，他只需要进行形状和数目的"要素"训练，就能够用更广泛的方法去对建筑进行研究。

当从摇篮时起，就用这种方法对一个儿童进行培养时，他的感官能力的仔细训练能够让他达到什么样的程度是很难说的，尤其是如果他在抽象处理他的经验上接受了充分的训练的话。能量大的地方，方法运用起来就会很容易，而且还会产生深远的影响。

地理和历史

但是，在今天所流行的混乱的词语教学中，是无法进行这种先进的工作的。我们坚持生活教育的原则。我们总在诉诸儿童的整个本性，即便课题并不真正地适合儿童，要素方法也应该让教学趋于合理，并尽量摆脱这种局面。我这里举地理和历史作为例子，虽然在我看来，它们根本不是合适的初学课程学科。如果一个孩子一定要学习地理，要素方法将可以提供一种简单的练习课，学习河流、山脉、城镇的名称，并借助普通的地理仪器，通过"人为的经验"教学生掌握这些地方的有关位置。

适合儿童的练习有两种类型。在儿童时期，记忆力与感官活动特别强。我尽可能地利用邻近地区，来让儿童学会识别地理位置还有关系。在第一节阅读课上，我会让我的学生训练大声地拼读邻近的地名，比如一条河的流域。我会将这个流域分成三部分：上游区、中游区和下游区，让儿童反复地熟悉重要地方的名称以及位置。在第二课上，一定让儿童们学习和第一课中有关的小地方的名称和位置。儿童们还一定要知道这个地方在哪一方向，和某个地方相距多少里。

这一课程将形成合适的地理科学研究的入门基础，在这门课程里，学生将会学到科学术语。不管怎样，它并非别的，而只是今后将要建造一间房子的一些材料。

至于历史，我们无法做更多的事情。如果我们不愿意一个孩子理解历史的机会被永久地损坏，我们就不用打算在他的幼年，就去教给他历史知识。要想让人在他们对生活的现实世界还没有产生任何真正认识的情况下，去认识很久以前的某一时代的精神，没有任何的意义可言。我们只需将有用的人名和地名教给他们，而这些就足够了。

所以，在我看来，这种工作在地理和历史课上的可能性，差不多和学习说话的机械式练习一样，尽管我已经说过，我觉得这种练习是十分重要的。

学习新语言一个最大的好处，就是它可以给予对我们的知识进行修正和更新的机会。我们已学会的和母语发展有关的知识，很多已经衰变了，现在是时候让它回复到生活中去了。所有的这些都特别需要有一种适合标准形式的教科书。不过，我一定要着手将要素教育的观念作为一个总体进行考虑，并将我对它的各个孤立方面所说过的话概括起来。

第二十五篇
一定要培养完整的人性

　　虽然我从来没有这样说过，多种多样的培养计划，比如让我们的感官能力、说话和思考的能力还有我们的实践经验得到发展——这一切都是促进满足人类本性作为一个整体的需要。然而对这些能力的某一方面进行孤立地培养是不够的。过分地强调某个方面总是危险的，这会导致内部的发展产生不和谐。但是，在我们还没有解决什么是人类本性的特殊性格前，怎样使教育和教学完全地成为自然的这样一个问题，是我们无论如何回答不出来的。这样，我们就又被带回到之前那些篇章里讨论过的问题了。我们在那里已经发现了这个问题的特点是：人具有超过和高于他和动物共有的那些性质。牛有属于它自己的灵魂和生命，但是它不是人类的。狗拥有比人灵敏的嗅觉，鹰拥有比人灵敏的视力；不仅如此，它们还可以对这些器官进行很好的利用。我们并不能指望拥有它们那样的技巧，即使那种技巧是那么精巧，但那并不属于人类。它只不过意味着本能力量的运用。它和人的思维和活动才能之间存在本质的差别，无论怎么说，它是低级的，这是显而易见的。当我听到这样的说法"你让我们仅仅比安琪儿稍低"时，我感到十分震惊。我记起那种同样真实的话："你已经无限地抬高了我们在地球上的血肉之躯；你已经让我们无限地比田野上的野兽高。"人类的思维和肉体器官没有任何关系。它是让身体成为心智的奴仆的工具，这才是真正的人性，而且和低级动物的思维能力是绝对对立的关系。出于充分地掌握我们所指出的"依据大自然"的意义的目的，我们一定要牢记，我们的所有工作，都是设计来影响各种能力处于统一的人的全部本性的。它依赖于我们各种能力的和谐——这种和谐一旦建立起来，就将对我们整个的实际生活产生影响。

不同阶级需要的不同教育

在"要素观点"要求将人类的本性视为一个整体的同时，并没有忽略要处理人们中间存在着的不同社会地位这个问题，这个问题急需解决。教育和家庭环境之首要原则就是和谐。要教育孩子热爱他周围环境里面所有可爱的东西。他学习思考可以激发他思考的事物；他学习做、希望、期待、信任，并且在有关他的生活实际中奋斗。他的能力和他的生活都需要和谐一致地发展。对于他来说，他父亲的家和社会地位等都是非常可贵的，他愿意为他们分担负担。他不认为这是对自己的约束；这些已经养成了习惯。我们不要把他造就成一个梦想家——失去现实性的人是没有履行他的职责能力的。不管上面说的事有多么的微不足道，都应该把孩子培养成内心善良的幸福的工作者。

首先我们需要一种将这些差别考虑进去的教育制度。我们需要为不一样的阶级提供不一样的教育。在初级知识方面，城镇公民当然不会比一个乡下人需要更坚实的基础，不过，用不一样的方法去发展他们的能力还是有必要的，并且应当予以鼓励。如果乡下人是这种教育情况，既不用请一个木匠来帮他规划每块木板如何制作，也不用请一个铁匠来随时帮他在墙上钉钉子的话，那么城镇居民就一定得做好这种特殊需要的准备。他一定要获得和地方工业有关的各种材料的全面知识，并接受美学和算术这一类的训练，因为这可以激发他的创造才能。

上层阶级儿童则是完全不一样的情况。他们用不到这种教育，他们的环境也不会为他们提供这类训练机会。他们永远都不用操心生活的手段。他们的智力的和道德的生活不用通过体力劳动进行激发，他们利用别的途径——智慧和心灵将支配双手。

如果在能力、知识和技巧的发展过程中遵循大自然的次序的话，那么这一观点一定会带来标志着各种不同阶级的教育安排上的差别。挣工资阶级的幸福完全取决于他们的实践能力，广泛的知识并不能多给他们些什么。上层阶级十分需要更多的知识，然而也仅仅是牢固建立在实际经验基础上的知识。他们的实践能力本身对熟悉各种事物和他们的待遇十分依赖，尽管它们实际上是掌握在别人的手里的。知识阶级非常需要研究方法方面的比较深广的训练。

除了将被培养为从事特殊的科学工作的人以外，大自然本身为每一阶级的教育需要，都提供了必不可少的环境……

作为教育者的双亲和家庭教师

当我提出这种假想时，我非常清楚，我的设想一定会受到嘲笑，就是说，当我的要素教育理论获得理解时，那些双亲们将是真诚地放弃自己对孩子们的教育，而不是被迫地。我的确相信，在大部分情况下会发生这样的事情，我十分清楚，这是这个阶级中大部分父母们的习惯——真的，假如他们不是按照某些原则这样做的话——坦白地承认，关于教育，他们是一无所知。他们说他们只能将孩子委托给受聘的教育者，寻求合适的委托人，他们既不吝惜时间，也不吝惜金钱。他们显得是那么的慷慨，并经常获得意外成功。发现一个真正的好教师的幸运程度，可以和获得一张头彩奖票相提并论。就像谚语所说的："一条盲牛可能找到一块马蹄铁。"即使是这样，这类幸运的事也不会总有的。很多打算通过付高额的薪金而聘到一流教师的人，得到的恰恰可能是一个并不胜任的人，好像因为吝啬的动机而选择了一件质量最差的物品一样。在上层阶级和富有者之中常发生这类不幸的事。这种严重的不幸，显然是因为一部分人为我们错误有害的教育体系付出了巨大的代价，并为这种错误导致的后果而悲叹不已。但是，光明的日子一定会到来的。当各阶层的显贵者们，尤其是那些最上层的人物们在教师必备的素质上开始严肃的反省后，在这个课题上一定会得出正确的结论。在双亲们对要素教育的热情激励下，他们可能会尽最大努力地用一个比较好的方法，来取代目前产生于无知的做法。